晚清民國時期中國名勝古蹟圖集

龔鵬程題

晚清民国时期中国名胜古迹图集

CHINESE HISTORICAL SITES OF THE LATE QING DYNASTY AND THE REPUBLIC OF CHINA

全本精装版

第壹卷 / VOLUME 1

- YUNGANG GROTTOES OF SHANXI PROVINCE　山西云冈
- DATONG CITY OF SHANXI PROVINCE　山西大同
- WUTAI MOUNTAIN OF SHANXI PROVINCE　山西五台山
- LONGSHAN MOUNTAIN OF SHANXI PROVINCE　山西龙山

[日] 常盘大定　关野贞　著

王铁钧　孙娜　译

中国画报出版社
CHINA PICTORIAL PRESS

图书在版编目（CIP）数据

晚清民国时期中国名胜古迹图集：全本精装版. 第一卷 /（日）常盘大定,（日）关野贞著；王铁钧, 孙娜译. -- 北京：中国画报出版社, 2019.6（2024.7重印）
 ISBN 978-7-5146-1726-9

Ⅰ. ①晚… Ⅱ. ①常… ②关… ③王… ④孙… Ⅲ. ①名胜古迹—中国—近现代—图集 Ⅳ. ①K928.70-64

中国版本图书馆CIP数据核字(2019)第049250号

晚清民国时期中国名胜古迹图集（全本精装版）　第一卷
[日] 常盘大定　关野贞　著　　王铁钧　孙娜　译

"十三五"国家重点图书出版规划
　　国家出版基金资助项目

策　　划：于九涛
项目主持：于九涛　齐丽华
本卷主编：张明杰
校　　译：崔学森
责任编辑：代莹莹
封面设计：郑建军
责任印制：焦　洋

出版发行：中国画报出版社
地　　址：中国北京市海淀区车公庄西路33号　邮编：100048
发 行 部：010-88417418　010-68414683（传真）
总编室兼传真：010-88417359　版权部：010-88417359

开　　本：16开（889mm×1194mm）
印　　张：20.5
字　　数：100千字
版　　次：2019年6月第1版　2024年7月第3次印刷
印　　刷：三河市金兆印刷装订有限公司
书　　号：ISBN 978-7-5146-1726-9
定　　价：1980.00元（全十二卷）

作 者

常盘大定（1870—1945）

日本宫城县人，研究中国佛教之学者。历任日本真宗中学、天台宗大学、日莲宗大学、真宗大学、丰山大学、东京大学等校教师。1920年以后五次来华，研究敦煌、云冈、龙门诸石窟及房山石经等佛教史迹。主要著作有《印度文明史》、《释迦牟尼传》、《中国佛教史迹》、《中国佛教史迹英文评解》五册（与关野贞合著）、《中国文化史迹》十二册（与关野贞合著）等。

关 野 贞（1868—1935）

日本近代著名建筑史研究家，生前为东京大学工学部建筑学科教授。不仅在日本建筑史方面造诣很深，而且在中国、朝鲜等国的建筑与美术史研究界也享有盛名。曾多次到中国、朝鲜及印度等国实地考察，撰写了一批影响深远的考察报告和学术论著。主要著作有《日本的建筑与艺术》、《朝鲜的建筑与艺术》、《中国的建筑与艺术》、《中国文化史迹》十二册（与常盘大定合著）等。

译 者

王 铁 钧

1954年生，华侨大学外语学院日语系教授，从事文化与翻译研究，著述颇丰，出版有《日本学研究史识》《中日关系史论》《翻译史研究新论》《中国佛典翻译史稿》等学术专著，并有诸多译著面世。

孙 娜

1982年生，华侨大学外语学院日语系讲师，现于厦门大学人文学院攻读语言人类学博士学位。主要研究方向为比较语言学与中日文化交流史，近年来在核心学术期刊及大学学报多有论文发表。

附记

在此，对以下相关资料提供者一并致谢。图1-1、图1-2、图3-1、图3-2、图5、图8、图11、图15、图17-1、图17-2、图18、图26-1、图26-2、图29-1、图29-2、图32、图36、图38、图39、图40、图43、图48-1、图49、图55、图56、图57、图61、图62、图67、图73-1，以上系关野贞于日本大正七年（1918）五月所拍照片；图12、图20-1、图37、图73-2 系由塚本靖氏提供，拍摄于日本明治三十九年（1906）；图76-2 系日本昭和十三年（1938）九月大阪每日新闻社提供。其余80张照片，系山本明氏提供，分别拍摄于日本大正八年、大正十年、大正十一年、大正十三年。

此外，本文还参考木下杢太郎氏撰著并重版于日本昭和十三年之《大同石佛寺》，从中受益良多，并借助该书对拙文进行若干订正。

编辑说明

《晚清民国时期中国名胜古迹图集》（原书名《中国文化史迹》）由东京大学教授关野贞和常盘大定合著，于1941年出版发行。原书为日文版，按民国时期的行政省区进行分类编辑，共计图版2531幅，说明文字1500页，约120万字。首次在中国翻译出版，特作如下编辑说明：

一、原书共十二卷均是图文分开，每卷图版都是散页盒装，另附一册解说文字，查阅不便。为便于读者阅读和使用，此次中文版在体例结构上进行重大调整，把图片及解说文字合体，基本实现同一页面图文一一对应。

二、书中涉及大量中国典籍文献，特别对人名、事名、物名、作品名等重新进行了核对，对明显错漏之处做了修订。

三、原书中年代使用不统一，中文版对所有的历史年代统一增加了公元纪年，便于读者比对。

四、常盘大定和关野贞两位学者虽然合著此书，但并未一起进行实地勘察，导致同一地域的内容在不同章节出现，中文版对此进行了适当调整，将同一地域的内容编排在一起，如将原书第九卷的"函谷关"，编入第五卷的"河南洛阳"里。

五、限于当时的学术研究水准，原书解说文字中偶有错讹或争议之处，为保留文献原貌，仍按原文翻译，以供后学研究、批评、指正。

本书为国家出版基金资助项目，翻译、整理、编辑、出版是一项浩大繁重的文化工程，囿于翻译、学术、编辑等方面水平，错漏、不当之处在所难免，恳请读者批评指正。

序

《晚清民国时期中国名胜古迹图集》由日文版翻译整理而成，原书名为《支那文化史迹》，1941年由日本法藏省出版，1975年重印时改名为《中国文化史迹》。此书在中国学界特别是建筑艺术领域影响颇大，之前屡有学者评述此书或引用其资料，但我一直无缘得见原作。

中国画报出版社的于九涛社长携巨册原版图书光临寒舍，得缘翻阅，颇为震撼。原书十二巨册搬运不便，于社长特意挑选我家乡浙江及北京两卷，以窥斑见豹。是书为珂罗版印刷，散页蓝布帙装，解说独立成册，只是纸张略显粗糙，想是战争进行到1941年日本国力不支所致。但即便如此，用现在印刷装帧的标准看依然不失为精品。

本书的编辑者为日本当时著名的建筑史学者关野贞和研究中国佛教史、古建筑的专家常盘大定。对于前者我关注不多，而对于后者，其学术成就，特别是他对中国佛教的研究，久为中日两国学界所共知。当年，二人分别来华勘察，而后戮力共撰这一巨著，也是一段学术佳话。书中所涉的文化古迹遍布大半中国，释、道、儒三家均有，凡图版两千余幅，解说近百万字。就以我家乡浙江为例，多数寺庙、佛塔、碑刻几经战火、动乱，完存者极少，而书中图片拍摄于清末民初，从照片看当时多数古迹保存尚好。就这点而言，不管当初的日本学者以何种缘由来华勘察，客观上确实为中国保存了珍贵的影像文献资料，对后世各方面的学术研究、故址复建、文物修复、礼仪陈设等，都具有极大的参考价值。

本书日文初版限定印行四百七十套，现世存量已极少，于社长早年曾游学日本，也是机缘巧合重金购得此书。回国后，他组织专家学者开展翻译工作，并在编辑体例上作了重要调整，图文合一，较之原版更方便阅读和研究。

当下中国国力日盛，中华民族伟大复兴的关键是实现文化复兴，而文献的整理特别是早期影像资料的发掘整理尤为重要。中国画报出版社以此书为始，正式启动"海外涉华艺文图志丛书"大型出版工程。这在图书市场不景气的当下，斥资出版这一皇皇巨著，诚可谓功德无量。所以，于社长嘱我作序，便欣然接受，拉杂写些感想，是为序。

楼宇烈
二〇一七年四月

主编者序

关野贞（1868—1935）是日本与伊东忠太齐名的建筑史学者。他在涉华建筑与实地考古方面，也是一位先驱，一生来华十余次。将伊东忠太与关野贞两人的建筑调查与研究对照着看，更富有意义：伊东重视建筑史，尤其是建筑美术与工艺的研究，擅长建筑史宏观建构；关野则侧重建筑与考古研究，尤其是运用考古学方法，对建筑及其艺术做详实考证，以微观研究见长。可以说，两者各有长短，互为补充，综合来看，则可得到较为客观全面的中国建筑的印象。

关野贞初次来华调查是1906年，此前他主要从事日本及朝鲜的古建筑、古寺社调查或修复工作。关野与其东京大学同事塚本靖以及帝室博物馆平子铎岭三人于1906年9月至翌年初，自北京出发，经郑州至西安，对沿途各地的古迹遗物，尤其是陵墓碑碣、石窟造像等进行了详细考察，从而探明了中日韩三国在建筑及艺术上的部分渊源关系。这也是他多年来一直关注的课题。

为弥补初次来华未能于山东境内考察之遗憾，1907年秋，关野贞又专程奔赴齐鲁大地，对建筑遗迹、石刻造像等展开调查，还从嘉祥县和济南府各获得一方汉代画像石，千里迢迢运回日本，成为当时东京大学的珍贵藏品。[参见关野贞撰、姚振华译《后汉画像石说》《东方文库第七十一种《考古学零简》，东方杂志社编，1923.12），第55—56页]此次考察后，关野贞发表《中国的陵墓》（1908）、《中国山东省汉代坟墓表饰》（1916）、《山东南北朝及隋唐之雕刻》（1916）等论文，为其探讨中国雕刻艺术和陵墓及碑碣变迁夯实了基础。

1913年对中朝边境考察之后，1918年初，关野贞又受日本文部省派遣，对中国、印度及欧美古建筑及其保存情况进行调查。这次他经朝鲜陆路进入我国东北，一路考察到北京，再由北京至大同、房山、保定、彰德、开封、巩县、洛阳、郑州、太原等地。回到北京后不久，又南下历访济南、青州、青岛等地，从青岛海路抵上海，再由上海至浙江、江苏等地考察。此次在华考察长达7个月，大有收获，其中最得意的当属在太原近郊探访到天龙山石窟遗迹。为众多精美的石窟造像所吸引，他放弃了当天离开的原定计划，在天龙山上住了一宿，翌日接着攀登观赏，并对大多数石窟进行了初步考察和拍摄，事后撰写了考察报告《天龙山石窟》（《国华》，1921）。他的这一所谓"发现"与伊东忠太十余年前找到云冈石窟一样，在学界亦引起不小轰动。也许正缘于此，日本至今仍流行着伊东忠太发现云冈石窟、关野贞发现天龙山石窟之说。其实，这些石窟遗迹并非什么隐秘之所，地方志等文献多有记载，且当地也并非无人知晓，甚至有的石窟之前已有外国人踏访过，[如早在1910年，美国人C. 弗利尔就曾到过天龙山，并对石窟做过考察。参见Harry Vanderstappen and Marylin Rhie, *The sculpture of T'ien Lung Shan: Reconstruction and Dating*, ARTIBUS ASIAE, Vol.XXV II , 1965] 根本不存在发现之说。伊东、关野等人的这类探察活动，之所以被盛传或渲染，与近代日本日趋膨胀的国家主义思潮不无关系。

从规模来看，天龙山石窟虽远不及敦煌、云冈和龙门等大型石窟，但其石刻造像几乎涵盖了中国佛教造像史上各时代的经典之作，故备受学界关注。继关野贞之后，又有木下杢太郎、木村庄八、田中俊逸、常盘大定等学者，以及美术商山中定次郎等先后来此考察或拍摄。这一艺术宝库本应得到珍惜和妥善保护，然而，自关野贞"发现"之后，仅七八年时间，石窟造像几乎惨遭灭顶之灾，无数佛首被生生凿取，有的佛像整体被盗，其惨状难以言表。导致这一状况的原因多种多样，但与跨国美术商山中商会头目山中定次郎的两次造访以及该商会的大肆搜购转卖行为有直接关系。

关野贞多次来华调查，不仅获得研究上极为重要的感性认识，而且于各地拍摄并制作了大量图片、拓本等，为此后的研究与著述奠定了基础。他与常盘大定合编的《中国佛教史迹》（6册，附评解，1925—1931）以及遗稿《中国碑碣形式之变迁》（1935）等，即实地考察成果之体现。尤其是前者六卷本图集可谓中国佛教建筑与佛教美术调查研究之集大成者，至今仍为学界推崇。

20世纪20年代后期，随着东亚考古学会（1927）和东方文化学院（1929）等涉华重要调查机构的设立，[东方文化学院是由日本官方主导的对华调查研究机构，属于所谓"对华文化事业"的一部分，分别于东京和京都设有研究所。其评议员、研究员等主要成员，几乎囊括了当时全日本中国学研究领域的权威或骨干，如池内宏、市村瓒次郎、伊东忠太、关野贞、白鸟库吉、宇野哲人、小柳司气太、常盘大定、鸟居龙藏、泷精一、服部宇之吉、原田淑人、羽田亨、滨田耕作、小川琢治、梅原末治、矢野仁一、狩野直喜、内藤湖南、桑原骘藏、塚本善隆、江上波夫、竹岛卓一、水野清一、长广敏雄、日比野丈夫等，其中也包括东亚考古学会成员。若列举该组织派遣或委托赴华从事调查研究的人员，仅其名单，一两页恐亦难以列尽。他们的涉华考察及其文献资料为数众多，内容也涉及方方面面。仅东亚考古学会以"东亚考古学丛刊"形式出版的考古发掘报告，就有甲种6巨册（如《貔子窝》《南山里》《营城子》《赤峰红山后》等）、乙种7册（如《内蒙古、长城地带》等）。东方文化学院东京和京都两研究所，后分别以东京大学东洋文化研究所和京都大学人文科学研究所之名存续下来〕日本学界的对华考察步入频繁化、规模化、综合化阶段。从1930年开始，关野贞又先后六七次来华从事古迹调查或保存工作，地区多集中于东北以及热河，调查对象主要是辽金时期的建筑、陵墓以及热河古迹等。伪满洲国成立后，出于国策需要，日本方面主动协助伪满政府保护热河遗迹。关野贞、竹岛卓一等受日方委托，对热河进行了多次详细考察，后结晶为五卷本《热河》，除其中一卷为解说之外，其余四巨卷均是相关图集，收录图版300余张，600余幅。〔关野贞、竹岛卓一编《热河》（图版4册，座右宝刊行会，1934；解说1册，1937）〕这是日本人最早对热河进行的全面系统考察，其图版资料等为日后热河遗迹的修复保存起到了一定作用。另外，在对东北、华北等地的辽金时期建筑进行多次考察之后，关野贞与竹岛卓一又编辑出版了《辽金时代的建筑及其佛像》。〔关野贞、竹岛卓一编《辽金时代的建筑及其佛像》（图集上下两册，东方文化学院东京研究所，1934—1935）。文字篇在关野去世后，由竹岛负责完成，于1944年出版〕直到去世前一个月的1935年6月，关野贞还曾来华调查辽金建筑。

关野贞在先后十余次实地考察的基础上，撰写并编辑了大量有影响的论著和图录资料集。图集除上述几种之外，还有与常盘大定合著的《中国文化史迹》（12辑，各辑均附解说，1939—1941）。遗憾的是，这套大型系列图集尚未完成，关野不幸病逝，编辑出版工作只好由常盘大定继续下去。

关野贞生前有关中国的论考等，后汇编为《中国的建筑与艺术》（1938），由岩波书店出版。可以说，这部书是其在中国古建筑与美术研究方面所获成果之集大成者，与伊东忠太所著《中国建筑装饰》一起，一直被学界视为中国建筑与艺术研究领域的杰作。〔关于伊东忠太和关野贞等人的中国建筑调查和研究，中日两国均有不少论著。其中，我国学者徐苏斌教授的研究成果尤为突出，其《日本对中国城市与建筑的研究》（中国水利水电出版社，1999）尤值得参考〕

常盘大定(1870—1945)是著名宗教学家，也是真宗大谷派高僧，曾任母校东京大学教授，讲授中国佛教史。生前来华七八次，其中，仅20世纪20年代就曾五次来华考察宗教文化遗迹，在佛教实证研究领域属先驱者。他第一次来华是1920年9月至翌年1月，考察路线为沈阳、北京、房山、大同、张家口、太原、洛阳、汉阳、宜昌、庐山、南京等，考察对象主要是各地石窟、寺庙、道观等遗迹、遗物。事后出版了《访古贤之迹——中国佛迹踏查》(1921)。

第二次时间在1921年9月至翌年2月。行程为青岛、济南、泰安、曲阜、兖州、济宁、北京、石家庄、郑州、开封、洛阳、汉口、长沙、九江、南京、扬州、镇江、苏州等，回国后撰写出版了《续访古贤之迹》（原名为《中国佛教史迹》，1923）一书，其中还附带11幅地图，以及作者实地拍摄的112幅图片。第三次(1922年9—12月)和第五次(1928年12—翌年1月)主要是对南方各省的调查。包括上海、宁波、汉口、庐山、杭州以及广东、福建等省市。加上第四次(1924年冬)对大连、旅顺以及青岛、济南等地的考察，中国南北各地主要文化胜迹，尤其是佛教遗迹等，基本为其踏遍。常盘在踏访中，尤其注重对史迹的拍摄、拓制和记录，所作日记也一丝不苟，每次都留下数量可观的图文资料或日录。《中国佛教史迹踏查记》(1938)即其多次来华探访记录之汇总，成为我们了解当时中国现状，尤其是佛教史迹或文物的难得文献。书中不仅资料丰富，记述详细，而且于踏查过程中的所得所感也时有披露，读来颇有趣味。

如前所述，在对中国多次考察的基础上，常盘大定与关野贞合作，编辑出版了多卷本的《中国佛教史迹》，后来又在此基础上，增加儒、道等部分，扩充为十二卷本的《中国文化史迹》（即《晚清民国时期中国名胜古迹图集》）。

这套十二卷本的《中国文化史迹》，自1939年5月开始，历经两年，才由法藏馆陆续出齐。此书分图录和解说两部分，图录采用大开本珂罗版印刷，散页蓝布帙装，限定四百七十套发行，这在当时物资匮乏的战争条件下，可谓豪华版了。每卷收录图版约百余张，全套图片两千多幅。解说独立成册，便于对照研究。这是一部全面系统介绍中国建筑等文化史迹的大型著录，网罗了中国十余省区的文化胜迹，尤其是宗教建筑、石刻雕像等，堪称中国历史文化研究上的一大图鉴。从取材范围之广、收录内容之丰富、附加解说之详细等方面看，可以说当时及其后很长一段时间无出其右者。当然，美中不足的是，内容排列显得凌乱，不够系统谨严，如山西大同之史迹，分别收录于第一和第八辑；河南省史迹分录于第二和第五辑；山东史迹，尤其是同一地区，如长清县史迹亦分散于第七和第十一辑，查阅起来确有不便之处。

由于当时正值日本侵华时期，为实现彻底征服中国及其人民的野心，日本更需要了解这个国家，了解这个国土上的历史文化，《中国文化史迹》的出版正迎合了这一需求，故出版后反响强烈。出版方又及时筹划出版四卷作为其续辑。[计划中的《中国文化史迹》续辑四卷分别是伊东忠太、田边泰合著《北京城》（第一卷），逸见梅荣、仲野半太郎合著《满蒙的喇嘛教美术》（第二卷），原田淑人、竹岛卓一合著《满蒙文化史迹》（第三、四卷）。《满蒙文化史迹》虽已基本编辑完成，但随着战局不利，为避免遭美军空袭，图版文稿转移至地方寺院，"二战"前终未能出版] 但随后出版的只是逸见梅荣与仲野半太郎合著的《满蒙的喇嘛教美术》（1943）。直到1975年《中国文化史迹》再版时，原定计划中的两卷本《满蒙文化史迹》才得以作为其增补出版，并改名为《东北篇》（岛田正郎与竹岛卓一合著）。

常盘与关野两人从未同伴来过中国，他们的实地考察都是分头进行的，但是从研究著述来看，两人合作可谓黄金搭档，因为建筑史迹研究本身需要多学科知识，尤其是美术、考古和宗教知识。关野侧重建筑与美术考古，常盘则侧重佛教及佛教为主的宗教史，两者互为补充。从两人合作的图集解说中也不难看出，关野多从艺术史角度，而常盘则多从宗教史立场出发，进行评说。这种基于各自专业而共同开展的著录及解说值得肯定。

社会发展日新月异，学术研究亦不断推陈出新，尤其是伴随着考古等新发现，学界进步早已今非昔比。今天看来，这些著述或图录固然有时代局限，内容不乏疏漏甚或错讹之处，有的解说及观点也明显失实或欠妥。但若置身于当时的环境，又不得不承认其先导作用，尤其是在我国诸多学科发轫之际，这些海外学者的调查研究多有开创之功。因此，不应忽视越境学术调查与研究对我国学术发展的刺激和影响。当然，最值得强调的，还是那些实地考察所得的照片、拓本、手绘图等视觉资料。在经历了长期战乱及无数次动荡之后，本应引以为豪的中华文化遗迹、文物等多遭破坏，有的已面目全非，有的甚至荡然无存。有鉴于此，这些视觉资料越发显得珍贵。

本书主编 张明杰

本丛书的整体总序，请参考张明杰《越境的学术——中国艺文图志总序》（北京大学《国际汉学研究通讯》第十三、十四合辑，2016.12）

目 录 / CONTENTS

山西云冈 / Yungang Grottoes of Shanxi Province

概说	一四	Introduction	
1·石窟开凿发愿人——昙曜	一四	1·Tan Yao, the Initiator of the Excavation of Yungang Grottoes	
2·石窟开凿之动机	一五	2·The Motivation of the Excavation of Yungang Grottoes	
3·石窟扩建及开凿年代	一六	3·The Time of the Expansion and Excavation of the Grottoes	
4·造像风格	一八	4·Style of Statuary	
5·云冈石佛与佛教经典之关系	一九	5·The Relations between Yungang Stone Buddha and Buddhist Scripture	

石佛寺 / Stone Buddha Temple

第1窟　东塔洞	二二	Cave No.1　East Pagoda Cave
第2窟　西塔洞	二四	Cave No.2　West Pagoda Cave
第3窟　隋大佛洞	二六	Cave No.3　Cave of the Great Buddha Carved in the Sui Dynasty (581-618)
第4窟	三四	Cave No.4
第5窟　大佛洞	三六	Cave No.5　Cave of Great Buddha
第6窟　大四面佛洞	四八	Cave No.6　Cave of the Great Four-faced Buddha
第7窟　西来第一山洞	六八	Cave No.7　The First Cave from the West
第8窟　佛籁洞	七六	Cave No.8　Cave of Buddha's Sound
第9窟　释迦洞	八四	Cave No.9　Cave of Sakyamuni
第10窟　持钵佛洞	九四	Cave No.10　Cave of the Buddha Holding an Alms Bowl
第11窟　四面佛洞	一〇〇	Cave No.11　Cave of the Four-faced Buddha
第12窟　椅像洞	一一〇	Cave No.12　Cave of the Vimala Bhūmi Bodhisattva (Cave of the Music)
第13窟　弥勒洞	一一八	Cave No.13　Cave of Maitreya Buddha
第14窟　千佛柱洞	一二〇	Cave No.14　Cave of A Column Carved with Thousands of Buddhas
第15窟　千佛洞	一二四	Cave No.15　Cave of Thousands of Buddhas
第16窟　立佛洞	一二八	Cave No.16　Cave of Standing Buddhas
第17窟　弥勒三尊洞	一三二	Cave No.17　Cave of Maitreya Triad
第18窟　立三佛洞	一三八	Cave No.18　Cave of Standing Buddha Triad
第19窟　大佛三洞	一四六	Cave No.19　Cave of the Third Great Buddha
第20窟　大露佛	一五四	Cave No.20　An Open-air Buddha
第21窟　大露佛以西诸小佛洞	一七〇	Cave No.21　Small Caves in the West of the Open-air Buddha
（译注：原文此处并无标注洞窟编号）		(There is no number for the cave in original text)
第22窟　塔洞	一八〇	Cave No.22　Cave of Pagodas

山西大同 / Datong City of Shanxi Province

上华严寺	一九二	Upper Huayan Temple
下华严寺	一九八	Lower Huayan Temple
下华严寺教藏内　三尊佛	二〇二	Buddha Triad in the Sutra Library
薄伽教藏内　四天王	二〇六	Four Heavenly Kings of Buddhism in the Sutra Library
海会殿内　金刚力士	二〇六	Vajra Powerful Lord in Haihui Hall
普恩寺	二一〇	Puen Temple

山西五台山	二一五	Wutai Mountain of Shanxi Province
概说	二一六	Introduction
明月池	二二二	Mingyue (Bright Moon) Pond
极乐寺（南山寺）	二二四	Jile (Ultimate Happiness) Temple, (South Mountain Temple)
大塔院寺	二二六	Great Pagoda Monastery
大显通寺	二三〇	Daxiantong Temple
清凉澄观法师	二三一	Senior Monk Chengguan
真容院	二四〇	Zhenrong Temple
罗睺寺	二四四	Luohou Monastery
大广宗寺	二四六	Daguangzong Temple
殊像寺	二四八	Shuxiang Temple
菩萨顶附近　喇嘛墓林	二五〇	Bodhisattva Monastery, Lama Tombs
镇海寺	二五〇	Zhenhai Temple
金刚窟	二五二	Jingang Cave
般若寺	二五四	Banruo (Prajna) Temple
北山寺	二五六	North Mountain Temple
那罗延窟	二五八	Naluoyan Grotto
东台顶　居士塔	二五八	Eastern Peak, Jushi (Lay Buddhist) Pagoda
东台顶　笠子塔	二六〇	Eastern Peak, Lizi Pagoda
中台顶　石塔	二六〇	Middle Peak, Stone Pagoda
竹林寺	二六四	Zhulin (Bamboo Forest) Temple
清凉寺	二六八	Qingliang (Cool) Temple
金阁寺	二七〇	Jinge Temple
灵境寺	二七二	Lingjing Temple
灵仙三藏	二七二	A Buddhist Statue
法华寺	二七四	Fahua Temple
大佛光寺	二七六	Great Foguang Temple
思阳岭　尊胜陀罗尼幢	二八六	Siyang Valley, A Stone Column Inscribed with Sutras
佛陀波利三藏	二八六	A Buddhist Statue

山西龙山		二八九
概说		二九〇
第1窟	丘祖洞	二九二
第2窟	三清洞	二九八
第3窟	卧如洞	三〇六
第4窟	李志全洞	三〇八
第5窟	秦志安洞	三一〇
第6窟	三帝洞	三一二
第7窟	披云洞	三一四
第8窟	玄门列祖洞	三一八
译后记		三二八

Longshan Mountain of Shanxi Province

Introduction
Cave No.1　Qiuzu Cave
Cave No.2　Sanqing Cave
Cave No.3　Woru Cave
Cave No.4　Li Zhiquan Cave
Cave No.5　Qin Zhi'an Cave
Cave No.6　Cave of Three Emperors
Cave No.7　Piyun Cave
Cave No.8　Xuanmen Liezu Cave

Translator's Notes

山西云冈 | YUNGANG GROTTOES OF SHANXI PROVINCE

- YUNGANG GROTTOES OF SHANXI PROVINCE | 山西云冈 ■
- DATONG CITY OF SHANXI PROVINCE | 山西大同 □
- WUTAI MOUNTAIN OF SHANXI PROVINCE | 山西五台山 □
- LONGSHAN MOUNTAIN OF SHANXI PROVINCE | 山西龙山 □

概说

云冈，乃昔日北魏都城，位于当时谓之"平城"，今日则称为"大同"的城邑西面约30余里(1里为500米)。但见河谷逶迤，如半陷地中的裙带拖曳，蜿蜒蛇行于高原台地，只缘河床开阔，两边河岸相距竟有数百米之遥。河床中央，淌过武周川涓涓细流，河谷北岸，峭立着高约百尺断崖。断崖为片状石英砂岩地貌，石英砂岩于石像雕錾最是相宜，故北魏时期，此地已开凿诸多石窟。

云冈石窟数量极多，若大小洞窟俱算在内，不胜枚举。其中，有20处石窟最受瞩目。根据岩壁状况，此20处石窟，大致可分为3区，3个区域以山峦低谷划地为界。若由东往西方向数去，第1区内计有东边2窟与西边2窟，姑且依次将其称为第1窟、第2窟、第3窟、第4窟。第2区位于石佛寺以西，重要石窟计有9处，亦依次从第5号编至第13号。第5窟与第6窟，窟前与岩壁相接，是以作窟檐4层，规模甚显宏伟。第7窟，窟前亦有3层窟檐。(图1)第3区位于西面，重要石窟有7处，依序编号为第14窟至第20窟。其中，第19窟东西两侧凿有2耳洞。第20窟，窟前部分已崩塌，虽然三大佛造像蔚为壮观，可惜已是顶无遮蔽，完全露天。在此三大佛西面，尚有大小佛龛数百，多已毁损破败，值得观瞻者殊少。唯是近西处有1窟，洞室凿成塔状，尚值一看，姑且称之为"塔洞"。(关野贞 文)

这些石窟是中国大陆历史上最为悠久之石窟。仅此而言，云冈石窟已是价值无比，何况规模宏大，佛教造像艺术构思犹如天马行空、非同凡响，实为北魏时期中国文化最高发展之代表。所幸此历史瑰宝，现在犹保存完好。今日，人们还能直接触摸1500年历史的文化遗产，不能不说是人类文化史之大幸。(常盘大定 文)

1·石窟开凿发愿人——昙曜

云冈石窟的开凿，始自北魏文成帝时代，缘于当时沙门统昙曜请求皇帝开造石窟五所。此前，北魏太平真君七年(446)，太武帝灭佛，所有佛图、佛像、佛经，尽遭焚毁，所有沙门，不问少长，皆被坑埋。太武帝崩后，其皇孙文成帝于北魏兴安元年(452)奉诏继位。文成帝登基之后，即发诏书，重兴佛教。《魏书·释老志》记有文成帝兴佛并开凿石窟事，曰：

和平初，师贤卒，昙曜代之，更名沙门统。初，昙曜以复佛法之明年，自中山被命赴京……帝、后奉以师礼。昙曜白帝，于京城西武州塞，凿山石壁，开窟五所，镌建佛像各一。高者七十尺(北魏时，一尺合今30.9厘米。十寸为一尺，十尺为一丈)，次六十尺，雕饰奇伟，冠于一世。

据《魏书·释老志》载，昙曜"被命赴京"，是在"复佛法之明年"。如此说来，正是北魏文成帝兴安二年(453)。并且，开凿石窟五所，时在昙曜为文成帝奉以师礼之后，因此，毋庸置疑，最早的云冈石窟，乃是出现在和平初年(460)之后。早期的历史文献，有关石窟开凿的记载几近空白，唯《魏书》有载云冈石窟五所与龙门三大石窟，可谓其幸甚焉。《魏书》所载，只是云冈最早的五窟开凿，然而于五窟之后，经久不断，景象壮观，足令天下人叹为观止。

南齐竟陵文宣王所著《净住子》记曰：

敬礼朔州恒安石窟经像

唐初释道宣在《大唐内典录》卷4以及中唐释智升在《释教目录》卷6中，均有云冈石窟之记述。《大唐内典录》载：

东西三十里间，石窟栉比相连，而谷东石碑见在，记其功绩。

《大唐内典录》援引碑文一段，曰：

自魏国所统赀赋，并成石龛。

此即云冈石窟规模宏远、神功逾久不朽之所以。

人们不难从《大唐内典录》获一极具震撼之信息，即彼时乃是举国财力、倾国帑藏以开凿石窟。《开元录》中"昙曜"条下记称：

以元魏和平年间，任北台昭玄统，绥缉僧众，妙得其心，住恒安石窟通乐寺，即魏之所建也，去恒安西北三十里武周山北面石崖，就而镌之建立佛寺，名曰"灵岩"。龛之大者，举高二十余丈，可受三千许人。面别镌像，穷诸巧丽，龛别异状骇动人神，栉比相连三十余里，东头僧寺恒供千人。碑碣见存，未卒陈委。

凭文中"碑碣见存"一辞，即可知此碑碣在中唐以前就已有之。此碑碣上所镌文字，如前所述，仅两句为《大唐内典录》援引，而此石窟群统称"灵岩寺"，其中，石窟最大者，可容三千许人。由此可知，此"灵岩寺"于中唐时期可谓是昌盛至极。(常盘大定 文)

图1·石佛寺全景

2·石窟开凿之动机

若论石窟开凿之动机，可列举者有以下三点。

据石窟开凿的发愿者昙曜所言，开凿石窟，乃是发于付法相传、令佛法永世弘扬之宏愿。相较之，接受昙曜提议而将石窟开凿付诸实施之北魏皇室，不外乎出于两方面动机。一是对北魏太武帝当年废佛毁佛之举的忏悔与赎罪之情；二是出于对北魏建国以来五位先帝的孝悌及追思之念。

有关昙曜发于付法相传、以令佛法永世弘扬之宏愿而建言开凿石窟，隋朝费长房《历代三宝纪》卷9记述如下：

太武帝崩，子文成立，即起浮图，毁经七年，还兴三宝。至和平三年，昭玄统沙门昙曜慨前凌废，欣今载兴，故于北台石窟寺内，集诸僧众，译斯经，流通后贤，庶使法藏住持无绝。

《历代三宝纪》卷9所云"译斯经"，"斯经"者，即指《付法藏传》4卷。《付法藏传》记载释迦牟尼寂灭后，自大迦叶、阿难起至西土二十四祖师如何令法藏绵延后世之事迹。《付法藏传》系人物传记而非佛经，有关《付法藏传》之翻译，历来众说不一。如上文所述，费长房的《历代三宝纪》，称《付法藏传》乃昙曜所译，又说来自西域番僧吉迦夜为昙曜重译《付法藏因缘传》6卷。究竟《付法藏传》与《付法藏因缘传》二者有何异同？又4卷本与6卷本，彼此关系如何？昙曜译本与吉迦夜译本，又有何分别？凡此，一直以来，总是悬而未解之难题。窃以为，昙曜编纂《付法藏传》，恐怕不无西域沙门襄助其成，只因硬是把翻译之功独归昙曜名下，才致使异说纷出。盖昙曜编纂及整理《付法藏传》，其旨意不外是让释迦牟尼寂灭后由二十四祖师传承后世之佛法，今后依旧代代传承且绵延不绝。昙曜整理《付法藏传》，时为北魏和平三年（463），于北台石窟寺内进行。由是可知，此时至少有一处称为"石窟寺"的洞窟已被开凿。昙曜所倡付法藏精神，嗣后又被隋代灵裕继承发扬。灵裕开石窟于宝山，并在石窟内壁錾刻世尊寂灭后传法圣尊二十四祖师像，即《付法藏传》所载二十四祖像。灵裕亦藉此希冀付法藏精神后继可期，灵裕开石窟以造像，实是与昙曜精神一脉相承，故石窟造像亦成付法藏精神的发端。有关宝山石窟，容后文另述，此处暂且略去不叙。

石窟开凿动机之二为北魏皇室对当年太武帝废佛毁佛之举的忏悔与赎罪之情。此等忏悔与赎罪之情，在文武帝（译者注：此处的"文武帝"系原作舛误，应是"文成帝"才对）即位之年所下诏书中即已表露无遗。原来，太武帝废佛毁佛之举，系当时天师寇谦之与司徒崔浩所策划。《魏书》载，太武帝废佛4年后，崔浩被诛，对当年废佛毁佛之举，太武帝颇有悔意，然废佛毁佛事已发生，再后悔亦无法挽回，恭帝（太子晃）曾欲悄然重兴佛法，却又未敢言。从《魏书》记载不难察知太武帝早有悔意。文成帝系太子晃长子，太武帝嫡孙，文成帝《诏书》曰：

故前代已来，莫不崇尚，亦我国家常所尊事也。世祖太武皇帝，开广边荒，德泽遐及，沙门道士，善行纯诚，惠始之伦，无远不至，风义相感，往往如林。夫山海之深，怪物多有，奸淫之徒，得容假托。讲寺之中，致有凶党，是以先朝因其瑕衅，戮其有罪，有司失旨，一切禁断。景穆皇帝，每为慨然，值军国多事，未遑修复。朕承洪绪，君临万邦，思述先志，以隆斯道。

由此可见，北魏太武帝欲杀有罪之徒，明显表现出对崔浩等有司失职，禁断一切的忏悔之意。（常盘大定 文）

石窟开凿动机之三则与北魏太武帝灭佛毁佛一事毫无关联，盖出于对北魏建国以来五位先帝的孝悌供养之情。早在北魏和平元年的6年之前，即兴光元年（454），北魏皇室就于五缎大寺铸造五尊释迦牟尼立像，其为先帝祈祷冥福之情，已显而易见。《魏书》对此也有明记。太祖以下五帝，如下图所示，指太祖平文、太祖道武、太宗明元、世祖太武、恭宗景穆这五位皇帝。要了解北魏皇室与石窟的关系，首先有必要了解北魏皇室的历代沿革，见下图：

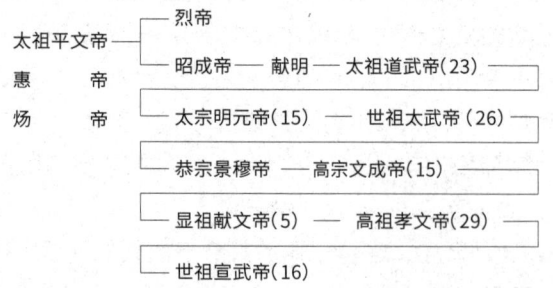

毋庸置疑，昙曜建言文成帝开凿石窟5所，并将石窟5所用来为北魏王朝太祖皇帝以下五帝祈冥福，是故，石窟5所也就具有北魏五帝灵庙之特征。根据石窟内部所造佛像之形制，可推定昙曜建言开凿的石窟5所，正是位于第3区西端、序号为第16窟至第20窟的5处石窟。

于斯可见昙曜所倡付法藏精神以及北魏皇室忏悔及为先帝祈冥福之意，如此这般，因缘际合，造就了千古不朽之佛教艺术。给石窟造像提供题材通常以为，至少有佛传、《法华》《维摩》《金光明》《无量寿》《弥勒》等大乘佛经。除此之外，应该还有《华严经》。作为协助云冈石窟开凿之外缘，有一事不能不予注目，即先于石窟开凿五年之前的太安元年（455），狮子国胡僧邪奢遗多、浮陀难提等五人来至中土。五位胡僧尝游西域诸国，实际见到了佛影窟。因此，在石窟开凿之际，五位胡僧的到来，于石窟造像指导与启发方面，当有一定关系。（常盘大定 文）

3·石窟扩建及开凿年代

据察，云冈石窟最先开凿者，是位于西边的5大窟，尔后次第伸延，并扩展至东面。西边5大窟，被视作北魏先帝灵庙之后，为先代皇考、皇妣开石窟并造佛像，已然成为北魏皇室一大国家要事，只须将云冈石窟与龙门石窟相加比较，即可证之。至景明初年（500），参照代京灵岩寺石窟，世祖宣武帝于洛阳伊阙山为高祖孝文皇帝，以及文昭皇太后开鉴石窟2处。继之，至永平中，又为世祖开石窟1处，此事见《魏书》记载。由此可见，云冈石窟，既有用作祭奠太祖以下五帝者，亦有用来为孝文、宣武二帝祈冥福者。既然如此，云冈石窟，理应见有祭奠介于太祖以下五帝与孝文、宣武二帝之间的高宗文成帝与显祖献文帝的石窟才对。事实上，考察云冈石窟第2区之时，自会将该区内第5窟及第13窟推定为用作祭奠文成帝与献文帝之石窟。（关野贞 常盘大定 文）

据《魏书》记载，献文帝于北魏皇兴元年（467）临幸武州山石窟寺。以此推测，献文帝此行，应与为先皇文成帝造像有关。孝文帝同样于北魏太和四年（480）、太和六年、太和七年三次临幸武州山石窟寺，孝文帝的武州山石窟寺之行，想来亦与为皇考献文帝造像有关。孝文帝，如谥号所示，其追孝之念甚笃，太和三年，孝文帝在方山起造石室灵泉殿，并创思远佛寺。嗣后，又多次临幸方山。自北魏太和四年至十四年的 11 年间，孝文帝每年必定临幸方山一至二次。孝心至重如斯，孝文帝实无理由不为父皇营造灵庙。第 5 窟大石佛，或许就是孝文帝为皇考献文帝的造像。此造像完成于北魏文化登峰造极的时期，故此大石佛在云冈石窟造像之中最为宏伟庄严。（常盘大定 文）

由是可见，发云冈石窟开凿之先者，乃是第 3 区五大窟。尔后，渐次东向延展，继而开凿第 2 区各石窟。最后，才是第 1 区石窟的开凿。第 2 区之第 11 窟，刻有北魏太和七年（483）造像铭文。第 3 区之第 17 窟，则见有太和十三年造像铭文。第 3 区 5 大窟，竣工于文成帝北魏和平元年（460）以后。第 2 区石窟，则完成于献文帝与孝文帝鼎盛之时。显然，云冈石窟的造像，乃是经历北魏和平元年至洛阳迁都后的北魏太和十七年（460—493）长达 33 年的岁月方告功成。云冈石窟还可见北魏太和十九年以及北魏延昌元年（495—512）的铭文，因此可认为迁都洛阳之后，云冈石窟亦不乏有造像追刻。但如前所言，毕竟还是北魏太和十七年之前存世的石刻才最受瞩目。（关野贞 文）

由于孝文帝于北魏太和十七年迁都洛阳，因此，祭祀孝文帝和宣武帝的石窟亦弃云冈而就龙门。为方便后面有关龙门石窟之介绍，不妨将云冈、龙门两地与北魏皇室相关之石窟做一清点，结果如下所示：

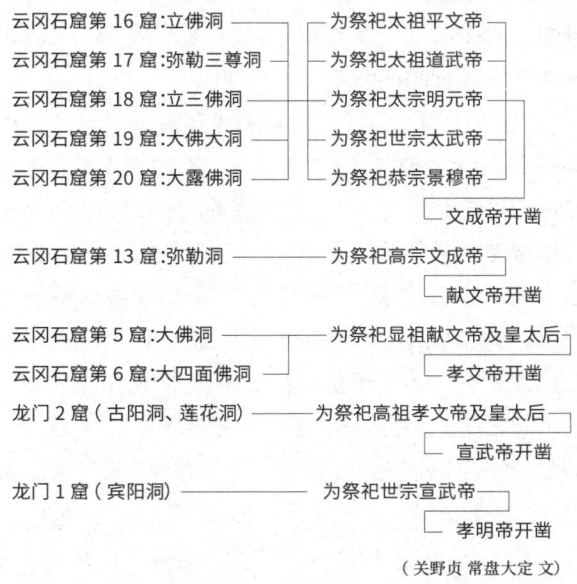

（关野贞 常盘大定 文）

云冈石窟均开凿于北魏时期，唯一例外则是位于第 1 区西端之第 3 窟。第 3 窟，其形制大异于其他北魏时期所开之石窟。其开凿年代，推测应系隋代末期。第 3 窟规模甚大，窟内原拟划分 2 区，以造三大佛，然而，只完成西区 3 尊佛后，便告停工。究其原委，应该是如此浩大开凿计划，已非当时国力所能及，故不得不中途告停，抑或系当年隋炀帝为父皇隋文帝及母后文献皇后祈冥福而开凿。隋炀帝自小受宠于父母，遂取代其兄而立为太子，然而，其虽受宠有加，最后却弑父登基。想来，其忏悔赎罪之心难泯，而且，隋炀帝生性好大喜功，动辄大兴土木，极尽挥霍奢侈之能事。由此推测，当有隋炀帝比照北魏王朝历代做法，开凿大石佛，欲超过前代规模之事。隋炀帝亦有嫡孙代王侑——唯自己"子孝"之举于前，方有望"孙贤"之日续后，代王侑的历史存在令云冈石窟第 3 窟为隋炀帝开凿的推测提供有力脚注。而且，隋炀帝突遭不测，转瞬之间，已是唐代隋而立，此即当时第 3 窟开凿不得不中途停工的原因所在。（关野贞 文）

关于第 3 窟的开凿年代，一直以来，说法各异。关野贞博士认为，从形制上看，乃在北魏与李唐之间，推测应是隋代；中川、新海二氏则干脆认为乃唐初开凿；木下杢太郎博士以为谜点太多，难于甄实，只能是姑且存疑；新近出版的《大同石佛寺》中，引征不少学界最近研究成果，也介绍中国青年学者梁畏成（译者注：此系原作舛误，应是"梁思成"才对）、林徽音、刘敦桢三人所著《云冈石窟表现的北魏建筑》。梁思成、林徽音、刘敦桢三人将未竣工之第 3 窟认定为昙曜译经之灵岩寺，并对第 3 窟被认定为隋唐时期开凿之说不予苟同，认为隋、唐二代，俱以长安、洛阳为帝都，故绝无理由于云冈之地开凿大石佛，虽然第 3 窟看似不像北魏时期开凿，但也决非隋、唐二代所出。他们三人称，由于没有文献可证，故只能存疑。只是，察《云冈石窟表现的北魏建筑》论述之观点偏向，立场还是倾向北魏时期所开凿，即认为由于北魏孝武帝往南迁都至洛阳，是以新开石窟于龙门，以致第 3 窟开凿只能中途停工。认为云冈石窟 3 窟开凿年代难断，只好姑且存疑，此在学界已成共识，多无异议，但若指称其为昙曜译经之灵岩寺，并因孝文帝迁都洛阳致令第 3 窟开凿中途告停，则难苟同。孝文帝已在云冈之地堂而皇之开凿第 5 窟、第 6 窟，又于太和年间完成第 7 窟至第 12 窟等 6 处石窟开凿。已经没有再开凿如此大石窟的理由了。关野贞博士认为第 3 窟也许是隋炀帝为其先帝及母后祈冥福而开凿，但尚无文献资料能予佐证，只能说是一个符合逻

辑的大胆推论。（常盘大定 文）

4·造像风格

云冈断崖，系片状石英砂岩地质结构。此种砂岩，品质甚好，不坚硬，于錾刻雕凿最是相宜，并且比较容易开凿大石窟，这是云冈石窟何以大洞尤多，且造像衣冠纹路华丽雍容之重要原因。若论云冈石窟之大，最早开凿之五大窟，其所造佛像就已达40尺至50尺之高，尤以第5窟本尊造像最是雄伟轩昂，高55尺许。第13窟弥勒靠像，亦高约50尺。能容纳如此高大佛像，石窟本身空间之大、规模之巨不难想象。凡此大石窟，其壁面及天花板上，刻满佛龛、千体佛，以及飞天、花草图案，即便狭窄局蹐之处，亦有雕刻。若论最为雍容华丽者，第6窟可谓当仁不让。至于第7窟至第13窟，虽不及第6窟规模宏伟，但论雕饰华美，则不在第6窟之下。其构思可谓天马行空，极富变化，充分发挥出北魏时期雕饰艺术高超的技术。培养如此技艺非凡之艺术家，绝非一朝一夕可速成。由此不难想见，迄北魏时期，中国艺术就已是功力深厚，底蕴深矣。

想来，犍陀罗艺术与萨珊艺术，早在两晋时期就经西域传入中国，随之，渐为汉代之华夏传统艺术吸收并消化。后来，更因法显三藏域外求佛之行，与中印度、狮子国（锡兰）等域外诸国交通往来，至东晋末及南北朝初，华夏艺术终得中印度发达的笈多艺术之真谛。尤其在雕饰艺术方面，可以看到其进步非比寻常。早在苻秦建元二年（366），沙门乐僔就于敦煌鸣沙山开凿石窟。其后，北凉沮渠蒙逊（402—433），又在鸣沙山东面三危山开凿石窟。可见，早在云冈石窟之前，中国就已开有石窟2处。法国比利尔研究报告称，鸣沙山千佛洞数百石窟中，有可断定为北凉时期开凿者。比利尔以为，第111窟、第120窟N号洞以及第135窟，皆属北凉时期开凿者。凡此石窟，洞内四壁尽是佛像佛龛，或于石窟中央预留方形大柱，四面配以四方佛，佛龛及佛像俱上彩，或作壁画。绘画方面，或以伏羲、女娲为图，或描雷神、龙凤，或饰六玉以作璎珞，凡此等等，不一而足。总之，多以中国传统色彩为主调，以回归中华文化之主流。只是，据称第111窟二佛座龛，其佛像上呈钮状之奇异衣纹，与德国卢考茨柯在某一北方废寺之壁间所见泥像雕饰手法一般无二，果真如此，则可知敦煌石窟第111窟二佛座龛佛像制作已颇受西域艺术之影响。此外，还见有诸多亦可判断为系受萨珊文化影响的忍冬纹饰、中印度艺术风格隐约可见的菩萨像，以及与中印度关系密切之湿婆、毗纽奴、毗那夜迦诸天画像。如此石窟，不妨视作中国高度发达的文化艺术风格与萨珊、罽宾、犍陀罗、中印度等地的异国艺术风格折中与交融的结果似更合适。

北凉沮渠蒙逊通好于北魏太武帝，后来，其子牧犍更将自己的妹妹许配给太武帝，被册封为右昭仪，牧犍本人亦娶太武帝之妹武威公主为妻，可见当时北凉与北魏两国关系颇为密切。北凉开凿石窟造佛一事，北魏自是多有耳闻。北魏太延五年（439），太武帝亲征北凉，攻灭牧犍，将凉州人三万余家移徙至平城。《魏书》载：

太延中，凉州平。徙其国人于京邑，沙门佛事皆俱东，象教弥增矣。

据此可知，当时于敦煌经管石窟之沙门，及建造石窟之匠人，俱随凉州人移徙平城。其后不久，即发生太武帝灭佛毁佛一事。文成帝重兴佛教之初，师贤被封为道人统。师贤原为罽宾王族，来到北凉之后，恰逢牧犍被灭而移徙平城。继师贤之后任沙门统者，乃是昙曜。推测之，昙曜上奏文成帝开五大石窟时，自敦煌移徙过来的沙门与工匠自会人尽其用。云冈石窟第19窟，其左边耳洞之侍佛，以及第20窟大三尊佛钮样衣纹，俱与敦煌鸣沙山第111窟二佛坐龛佛像之衣带纹样风格有相通之处，显而易见，二者之间存在有某种内在联系。

而且，在南北朝初期，已有不少匠人继承并发展两晋时期臻于成熟的中华造型艺术之表现手法，显然，云冈五大石窟，在受北梁影响之外，还多含有传统华夏艺术之风格。概言之，石窟开凿的基本构想，远者乃以中印度石窟为照准，近者则于敦煌石窟求范本，抑或请教来自狮子国等西域沙门。但是，云冈石窟之开凿，终究还是以已经高度成熟的传统中华艺术为主调。石窟开凿，在中华之域堪称创举，然而，如此宏伟构想，将其付诸实施且告功成，其气魄之宏大、工艺之卓绝，实不能不让人叹为观止。（关野贞 文）

云冈石窟，本身具有先祖帝王灵庙这一意义，这与石窟开凿成功与否，可谓关系重大。可惜的是，由于岩质硬度有限，更由于岁月悠久、风雨侵蚀，石窟造像多有剥落、损毁。此外，或因保护方式不当，或后人对石窟造像擅自加彩、加塑，致使其面目全非，旧容不再。更有甚者，或錾佛像，或毁佛头，以售与外人而牟利，如此这般破坏石窟大佛造像一类的事，近来多有所见，这不由令人担忧，作为历史文化遗迹，堪称无与伦比的云冈石窟，莫非终将化为废墟一片？（常盘大定 文）

综观云冈石窟，最是形式独特的莫过于石窟中央所錾方柱或塔柱。石窟中央錾有方柱者，乃第6窟及第11窟，共计2窟。第14窟千佛柱、第4窟长方形柱，亦可视作此种方柱之变形。此外，第1窟、第2窟、第21窟所錾者并非方柱而是塔柱。概言之，谓云冈石窟形式独特，即是体现在四面佛柱与塔柱二者上面。石窟内錾有四面佛柱，可谓与敦煌鸣沙山北凉石窟一脉相承。洞中錾有四面佛柱之石窟，云冈共有2处。四面佛柱之形制，或是起源于《金光明经》所谓四方四佛造显。

在日本，自天武天皇始，《金光明经》一直被视为镇护国家之经文，圣武天皇创建国分寺，即敕名"金光明四天王护国之寺"。日本广诵《金光明经》，毋庸置疑，是中国佛教海外流布之结果。由此不难推断，曾几何时，《金光明经》亦同样以护国威名盛传中国之域。此种四面佛柱，后来亦相继见于巩县及响堂山。至于位于石窟中央的塔形柱，想来定是《法华经》中的多宝塔。二佛坐像之二佛者，即《法华经》中释迦佛及多宝佛。自敦煌鸣沙山石窟亮相之后，此等造像一直是久盛不衰。云冈各石窟，如此二佛造像可谓无所不在。将此塔推释为多宝塔应非谬言。在日本圣武天皇时代，国分尼寺又名"法华灭罪之寺"，鉴于此，《法华经》在中国之域亦不无赎罪之意。云冈北魏石窟，至其开凿后期，西、东两边所造，俱为此种多宝塔，石窟建造者忏悔之心与救赎之意于斯可见。谓之以"塔"，是就其占据石窟内部主要位置而言的。至于说錾刻于石窟壁面之塔形，可谓是不胜枚举，有单层覆钵塔，有2层、3层，乃至9层，还有宫殿造型之塔雕，刻有四注屋檐、鸱尾、圆垂木、三斗、蟆股、肘木，应有尽有，中国古代建筑风格俱见其中。

当年，献文帝于北台永宁寺建造七级浮屠，孝文帝则于鸠摩罗什译经旧处建造3层浮屠。尤其是此永宁寺佛塔，系来自波斯之菩提达摩拜谒阎浮提某一未涉之地而得之。此佛塔造形如何，材料为何，只要一看云冈石窟佛塔及其造形，便可察知大概。第6窟之3支相轮、第2窟相轮两边有如幡悬一般，应该说，在诸塔柱中形制最为珍奇。（常盘大定 文）

5·云冈石佛与佛教经典之关系

在云冈石佛背后，究竟藏有什么样的佛教经典？毫无疑问，此乃中国佛教史研究中最想获知者之一。艺术着实堂而皇之，但作为创造如此辉煌艺术之信仰基础，有何佛教经典撑持之、稳固之？此问题关系重大，涉及对北魏时期中国佛教形态之探索。下面拟就此问题展开，且将笔者留意之处陈述如下。

第一，在第6窟入口上部，刻有一图《维摩经》之"方丈会"及"庵摩会"。同样，于第1、2窟及其南而左、右侧，分别刻有文殊、维摩图像。到了龙门石窟时代，文殊、维摩图像分别刻于石窟内室小龛上部，已然是石窟佛刻的一种常见范式。虽然于云冈石窟时代，文殊、维摩图像远未如龙门石窟时期盛行，但《维摩经》在当时早已流传，此事不容置疑。据称，《维摩经》于佛性证悟大有助益，早在鸠摩罗什东来之前就已传入东土，后经鸠摩罗什妙译，《维摩经》在中土更显伟力。至北魏后期，《维摩经》图像已极普及，成为佛教常规图饰之一，并致后世清谈之禅应运而生。

第二，云冈石窟第17窟，其北魏太和十三年（489）铭文中，有造释迦、多宝、弥勒三尊佛像之记载。二佛并坐像、多宝塔之类物证可谓不胜枚举，凡此信证，俱清楚表明《法华经》在当时已传入中土。多宝塔信仰盛于李唐时代，通常以为，多宝塔信仰是楚金禅师因感见此塔而大兴土木建造之，并于颜真卿为其作记后盛行国中，但事实是北魏时代就已盛行持颂《法华经》，窥云冈石窟佛图雕刻即可察知。

第三，云冈石窟第11窟太和七年（483）的铭文中，有"安养光接，托育宝花"一词。此铭文所镌壁面上方，还刻有"观世音菩萨""大势志菩萨"字样。《无量寿经》经文中有"诸佛告菩萨，令觐安养佛"一句，毋庸置疑，《无量寿经》经文中"菩萨"所指，即是观世音菩萨与大势至菩萨。据此推断，第11窟洞内壁面所刻"观世音菩萨""大势志菩萨"，出处即《无量寿经》。至于"大势志"，用"志"而非"至"，显然是译音用字之别，就汉语而论，此类事甚多，不足为怪。

第四，云冈石窟第17窟及第13窟，中尊造像不仅为弥勒菩萨，而且所刻弥勒像还经常坐于龙华树下。由此推察，《弥勒下生经》在当时社会影响及作用重大。弥勒崇拜，系佛教传统信仰，传自西域，乃昔日罽宾国高僧传来中土。在道安弘传兜率往生信仰地区，弥勒信仰尤为盛行。由于弥勒信仰不同于西方往生信仰，似可推断，北魏时期，比之西方往生信仰，弥勒信仰更受追崇。

第五，云冈石窟第6窟中刻有佛本生故事，非止第6窟，第1窟与第2窟亦然。第12窟则刻有被认为是传述三迦叶济度，并有净瓶泻水、坐化升天等画面。应是出自佛教的《本起经》，此经所述皆为佛本生故事。

第六，可推定四面佛柱乃源自《金明经》（译者注：应是《金光明经》，此系原文舛误）。最初只在柱子四面刻佛四尊。后来，则未必尽是四个柱面刻佛四尊，亦有一个柱面二佛并坐，更有如响堂山者，仅于一个柱面造像。如此变化，亦属艺术创新之必然。

第七，第18窟本尊造像，其上身附有小佛；第20窟大露佛，背光处镌刻诸多化佛。如此造型究竟有何所指？《维摩经》《法华经》《金光明经》《无量寿经》等佛经已述在前，莫不是表示《华严经》之卢舍那佛以及《梵纲经》中大、中、小释迦佛？大露佛堂堂风采，与其说是释迦牟尼佛，莫如说更似卢舍那佛。第18窟的三尊佛，何许佛也？引征其他方面诸多例证，似以断为释迦、弥勒、弥陀更为妥当。只是，此释迦佛，比之通常所见释迦佛，更像卢舍那佛。龙门石窟有关乎卢舍那佛之镌刻铭文，正因有此铭文，将两尊佛刻断为卢舍那佛绝非无稽之谈。

当时，论佛经翻译，鸠摩罗什是权威，其声望与地位无人可及，以至于北魏孝文帝到处搜寻鸠摩罗什后裔，以望再续译经之大业。佛教经籍译本，为云冈石窟佛刻所借重者，虽然未必尽出鸠摩罗什之手，却可以说，大体不出鸠摩罗什译本之范围。北魏太武帝废佛毁佛之时，寇谦之参照鸠摩罗什所译《广律》而撰《云中新科诫》。普遍认为，寇谦之欲以《云中新科诫》管束道教，并让其成为规范道教活动的纲领。虽然北魏太武帝废佛毁佛之举以失败告终，但今日看来，大同云冈，只不过是朔北大野之一隅，然于此地，鸠摩罗什所译《维摩经》《法华经》，其思想与精神却是如此深入、如此普及，以至成就如此伟大艺术作品，况且，完成如此历史壮举者，是出自鲜卑拓跋族的北魏君民，不能不说此事甚是令人感到意外。

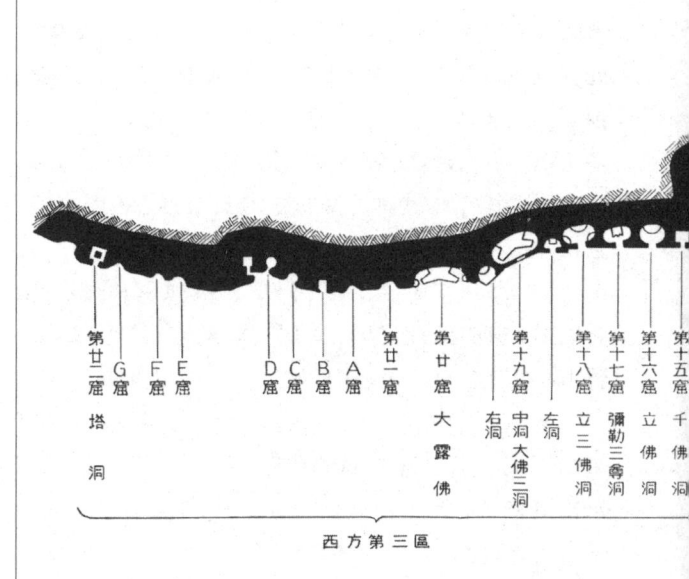

云冈全景·山本明氏摄影

第一窟 第二窟 第三窟 第四窟 第五窟 第六窟 第七窟 第八窟 第九窟 第十窟 第十一窟 第十二窟 第十三窟 第十四窟 第十五窟 第十六窟 第十七窟 第十八窟 第十九窟左洞

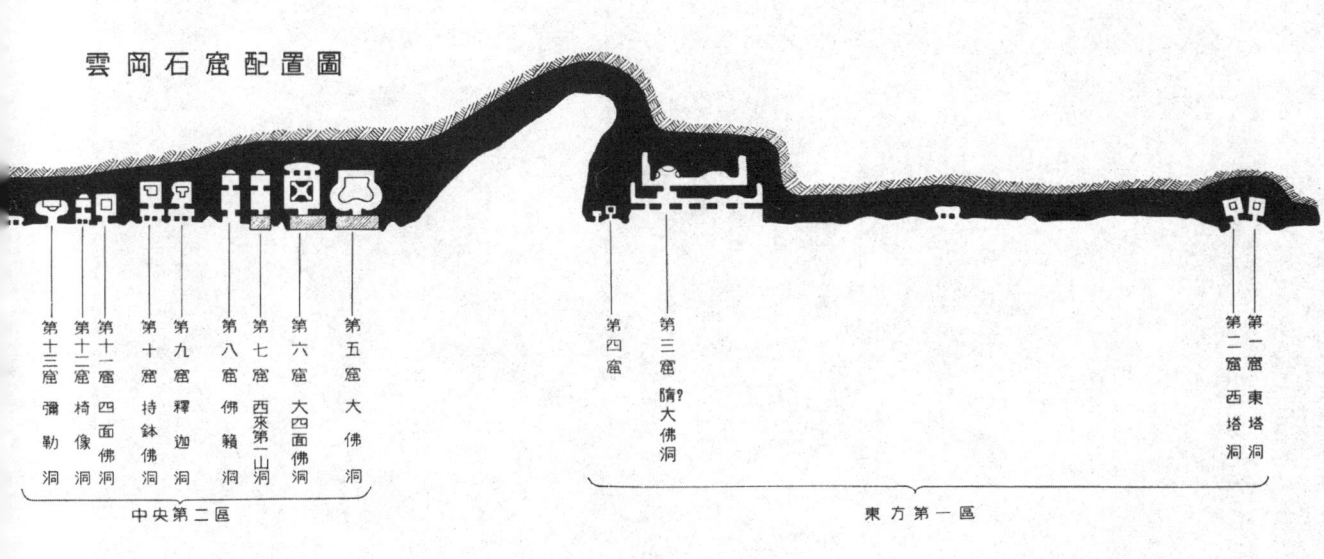

雲岡石窟配置圖

第十三窟 彌勒洞
第十二窟 四面椅像洞
第十一窟 四面佛洞
第十窟 持鉢佛洞
第九窟 釋迦洞
第八窟 佛籟洞
第七窟 西來第一山洞
第六窟 大四面佛洞
第五窟 大佛洞

中央第二區

第四窟
第三窟 隋？大佛洞

第二窟 西塔洞
第一窟 東塔洞

東方第一區

云冈石窟配置图

石佛寺

　　云冈石窟划为3区，石佛寺位于第2区。第2区的重要石窟有9处，将第2区石窟由第5至第13依序编号。编号为第5及第6的两处石窟，窟前与岩壁相接，故顺势而为，建4层楼阁，其规模宏伟。第7号石窟窟前建造3层窟檐，即为"石佛寺"。古代又称"灵岩寺"，或许亦是此处。有实拍照片，可览全景。（关野贞 文）

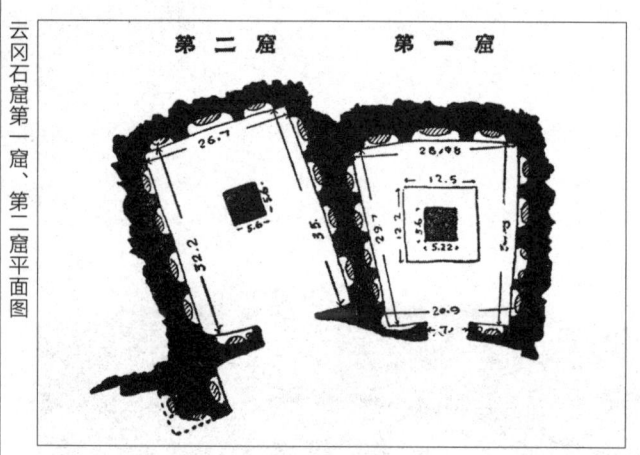

云冈石窟第一窟、第二窟平面图

第1窟 | 东塔洞

　　东塔洞地处云冈石窟最东端，朝向西南偏南。东塔洞面积呈不规则正方形，即前面宽20尺9寸、后面宽28尺4寸8分、东面（左面）宽30尺8寸、西面（右面）宽29尺7寸。石窟内室，底面距窟顶高约18尺。内室中央，錾有两层方形塔柱（图2-1）。塔柱上下两层，四面俱刻佛龛。塔柱下层，斗拱承轩，瓦葺其上，以成飞檐。塔柱上层，上方乃一天穹直连窟顶，刻有蟠龙，其周围有阳刻天人。佛龛位于图上层中心处，龛中佛像，结跏趺坐，右手施无畏印相，左手已损毁，不明其印相。石窟后壁，由地面向上凿出三大佛龛，其左、右两边腰壁，又各錾四佛龛。佛龛与佛龛之间，均刻有5层小塔，将佛龛隔开。腰壁墙面还刻有释迦牟尼出游图（图3-1）。此外，尚有佛本生故事浮雕，只是，于今多已毁损。南壁窟门两侧左右龛内，分别雕有维摩、文殊像。佛龛布于四壁，龛内皆有佛陀坐像。佛龛上方刻有天穹，天穹与石室窟顶之间，又有诸多佛龛见于其中。

　　窟内四壁，虽其下方已大部剥蚀损毁，窟顶天花板部分亦破坏严重，即便如此，当年石窟雕刻之华丽却依旧可窥豹一斑。（关野贞 文）

图3-1·第1窟·东塔洞·窟内塔婆

图2-1·第1窟·东塔洞·窟内塔婆

第2窟 ｜ 西塔洞

　　第2窟西塔洞接于第1窟东塔洞西面，方向朝南。西塔洞平面图略呈长方状，即前面24尺、后面26尺7寸、东面（左面）35尺、西面（右面）32尺2寸。石窟内中央为一方形3层塔柱，每层四面，刻有3间楼阁式佛龛，并雕有隅柱、斗拱、蟆股、瓦葺飞檐。佛龛上方还凿为天穹，直连窟顶。

　　第1层佛龛刻有二佛坐像，系释迦牟尼佛与多宝佛。3层塔柱，莫不是《法华经》中多宝塔之象征？塔柱上端窟顶天花板四面刻有飞天浮雕，在其外缘则雕出三莲花。北壁錾三大佛龛，左、右壁见四佛龛，南壁左、右两侧刻维摩、文殊像，左、右腰壁刻佛本生故事。各佛龛之间造5层塔，龛内所供乃佛陀坐像，呈入定相。以上雕刻，论意匠及形制，与第1窟相同，表明二者系同期开凿。第2窟雕刻极尽华丽（图3-2），5层塔上相轮左右两侧所见幡挂可谓稀世珍品。在塔婆左右两边佛龛上部拱腹中，一方为力士，勇武刚猛；一方为供养者，温和柔顺，二者刚柔相济，又同在佛陀怀中，不无宽宏、包容之意。如此构思与创意，堪称妙哉。上面所述入定中的佛陀坐像，虽然体小且造型简约，但相貌端庄，不由让人肃然起敬。

（关野贞 文）

图3-2·第2窟·西塔洞·窟内塔婆

图 2-2 · 第 2 窟 · 西塔洞 · 东壁一隅

第3窟 隋大佛洞

第3窟与第1区西端相近,规模颇为宏大。此处断崖,系片状石英岩层结构,高约百余尺,先錾断崖为前庭,再于左右两边各开一入口,并于入口上方各开一窗。石窟内,原先似欲一分为二,于东、西2区各造一尊大佛像,可惜,最终只完成西区造像,东区造像似乎未开工。石窟分内外2室。石窟内室中央,有一墙体,宽约80尺见方。在其西面,刻有三尊大佛像。本尊坐佛高约30尺,右手施无畏印相,左手端放膝上,形象伟岸高大。此尊坐像唇薄而鼻梁隆起,口角深沉,眼睛细长,刻有上睑缘,眉呈半月状,面容丰润,神态安祥,但见其额有线三条,耳大,聃长垂,颇具写实风格。两只眼睛,原为黑石嵌入,现今黑石已失。衣覆双肩,衣纹线条遒劲、流畅,可惜背光剥蚀严重,仅存涅槃、飞天以及火炎部分。此大佛像,与云冈其他洞窟所见,形制甚是不同。(图4、图5、图6、图7-1)

两边菩萨立像,各高20尺左右,面相与本尊造像同,戴宝冠,着耳环,姿态生动,衣纹流畅。宝珠形背光中,有阳刻涅槃及火炎浮雕,颇为壮观。(图4、图7-2、图8)

石窟内室前方,东西宽约130尺,地面至窟顶天花板处,现今高约40尺,看去已是至少被埋填五六尺。当初似欲开錾一条通路,廻绕三尊佛所在中央立柱,而且左、右两边,已动工开錾,深50余尺,但却中途告停。石窟外室,位在内室之前,原先也是打算开一通路与内室周边相连,同样只在前部左、右两侧稍加开掘便告罢停。外室东、西两边宽约150尺,仅此,即不难想见其规模之宏大。倘若完全竣工必定冠盖古今。

外室前面,低于断崖,为裳层状。其窟檐,两端如屏风,壁立于断崖之上,佛龛即开錾于此。在其裳

图6 · 第3窟 · 隋大佛洞 · 本尊佛陀头部

图7-1 · 第3窟 · 隋大佛洞 · 本尊佛陀头部

层之上,东西相对各錾一塔。此塔现今已塌,唯斗拱、蟆股、佛龛等物依稀可辨。

窟内三尊佛像,其面容、姿态以及造像工艺技巧,均异于云冈其他石窟。虽不至于为唐代艺术,却也可能出于隋代,即如前述,可能系隋炀帝为先皇隋文帝所造。在此三尊佛东面,原本亦打算为其母后造佛像祈冥福,然未曾料及变乱突起,隋炀帝殁于乱中,隋王朝亦告灭亡。如此一来,石窟造佛,只能中途告废,以至今日。(关野贞文)

云冈石窟第三窟平面图

图 4・第 3 窟・隋大佛洞・本尊及右側伺奉菩薩

图 5 · 第 3 窟 · 隋大佛洞 · 本尊佛陀

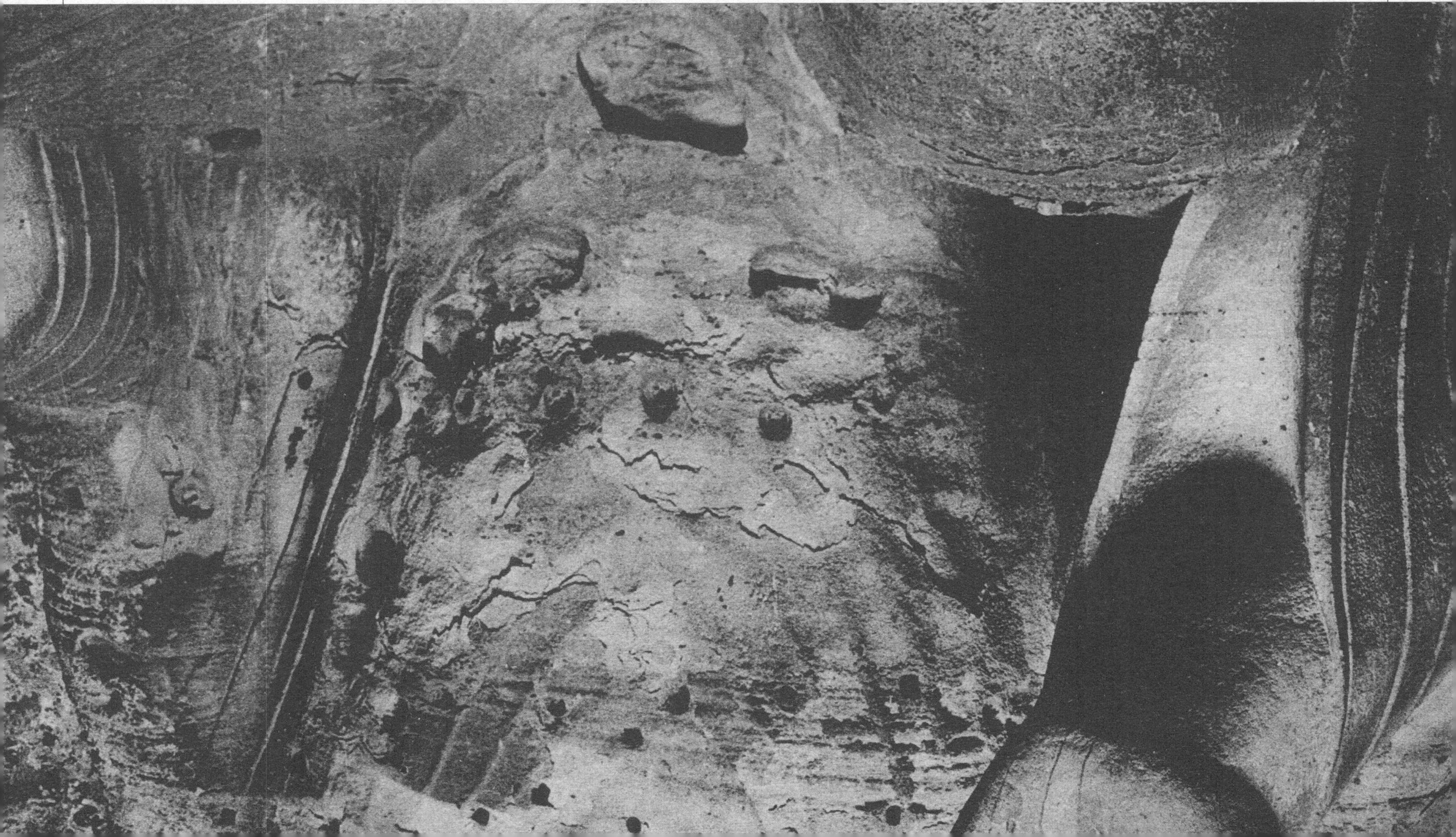

图 7-2 第 3 窟 隋 大佛洞 左侧菩萨特写

图 8 · 第 3 窟 · 隋大佛洞 · 右侧侍奉菩萨

第4窟

第4窟位于第3窟西面，东西宽约25尺、南北宽约16尺。石窟内部中央，錾有一长方形平面壁体。其前后两面各錾二佛龛。两侧各錾一佛龛，佛龛内各雕三尊佛像。窟内四壁当初刻满大小佛龛以及千体佛像。于今，石窟内室后壁以及西壁北面已剥蚀。由于此窟近来已为民家占用，东壁尽被泥土封涂，已经面目全失。窟顶天花板呈格井状，分而隔之，有飞天与莲花共一图案的浮雕。窟后部分雕刻已全剥蚀。石窟内壁所刻佛陀及菩萨像，系北魏艺术风格之典型表现，但难有精美可言。

第4窟西面犹有一小石窟，宽约10尺，左、右两边及后面壁上，各錾佛龛。佛龛上方又刻有小佛，可惜亦大半剥蚀。窟顶天井中央方格内刻有莲花，周围配以飞天像。此处雕刻同样大半剥蚀，如今唯依稀可辨。

云冈石窟第四窟平面图

图9-1·第4窟·窟内佛像

图 9-2 · 第 4 窟 · 窟内佛像

第5窟 ｜ 大佛洞

　　大佛洞为石佛寺境内东面一大石窟，窟前断崖，修有 5 开间 4 层窟檐。（图10-1、图10-2）石窟平面略呈椭圆形状，东西长约 72 尺 4 寸、南北长约 58 尺 4 寸，其规模之宏伟壮观由是可知。本尊释迦如来坐像，造于石窟中央，坐像高约 55 尺，两膝径长 51 尺 8 寸，足趾长 15 尺 3 寸，手的中指长 7 尺 9 寸 5 分。此尊大佛系云冈石窟最大佛像，亦属中国现存最大石佛造像。虽然堪称巨大，但论姿态之优美以及身体各部比例之协调，此大佛坐像无可非议。佛像面容虽后来经修补，然北魏造像艺术风韵犹存，端庄雄伟风貌宛在。此尊大佛背光巨大，近半与穹庐状天井相连接。可惜，如今多已剥蚀，且经后世彩补，已面目全非。另外，本尊坐像左、右两侧，有二侍佛立像，刻于壁面之上，高约 18 尺（下部至少被埋入土中 5 尺）。只是，后世几经修补，已不足观瞻。

　　窟内壁面，大致分为 7 层，壁上雕满佛龛。龛内或一佛、或二佛并坐。今已剥落严重，实在可惜。南面入口呈拱形状，拱门左右两侧刻金刚力士像。在金刚力士像之上，还刻有菩提树下对坐二佛。拱顶上雕有四飞天及莲花。入口内侧左、右两边，亦刻有似金刚力士者。不过，此等雕刻，多经后世修补，面目已非，原貌难窥。

　　如前所述，此处石窟，恐系当初孝文帝为皇考献文帝祈冥福而开凿。大佛洞宏伟壮丽，为北魏艺术最高发展之代表。

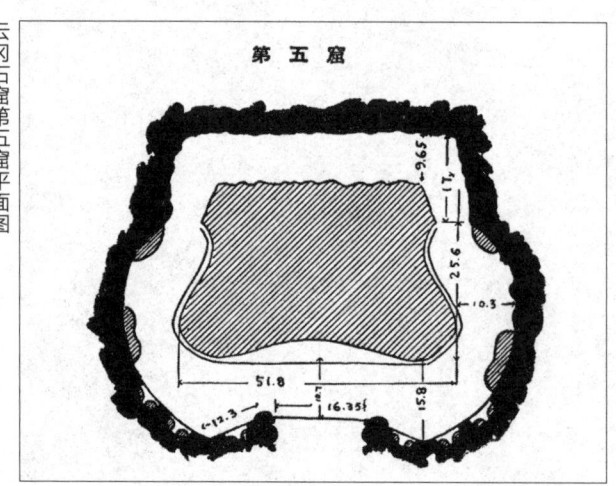

云冈石窟第五窟平面图

图 10-1・第 5 窟大佛洞至第 13 窟弥勒洞全景

图 10-2·第 5 窟·大佛洞、第 6 窟·大四面佛洞窟前 4 层楼檐（东堂、中堂）

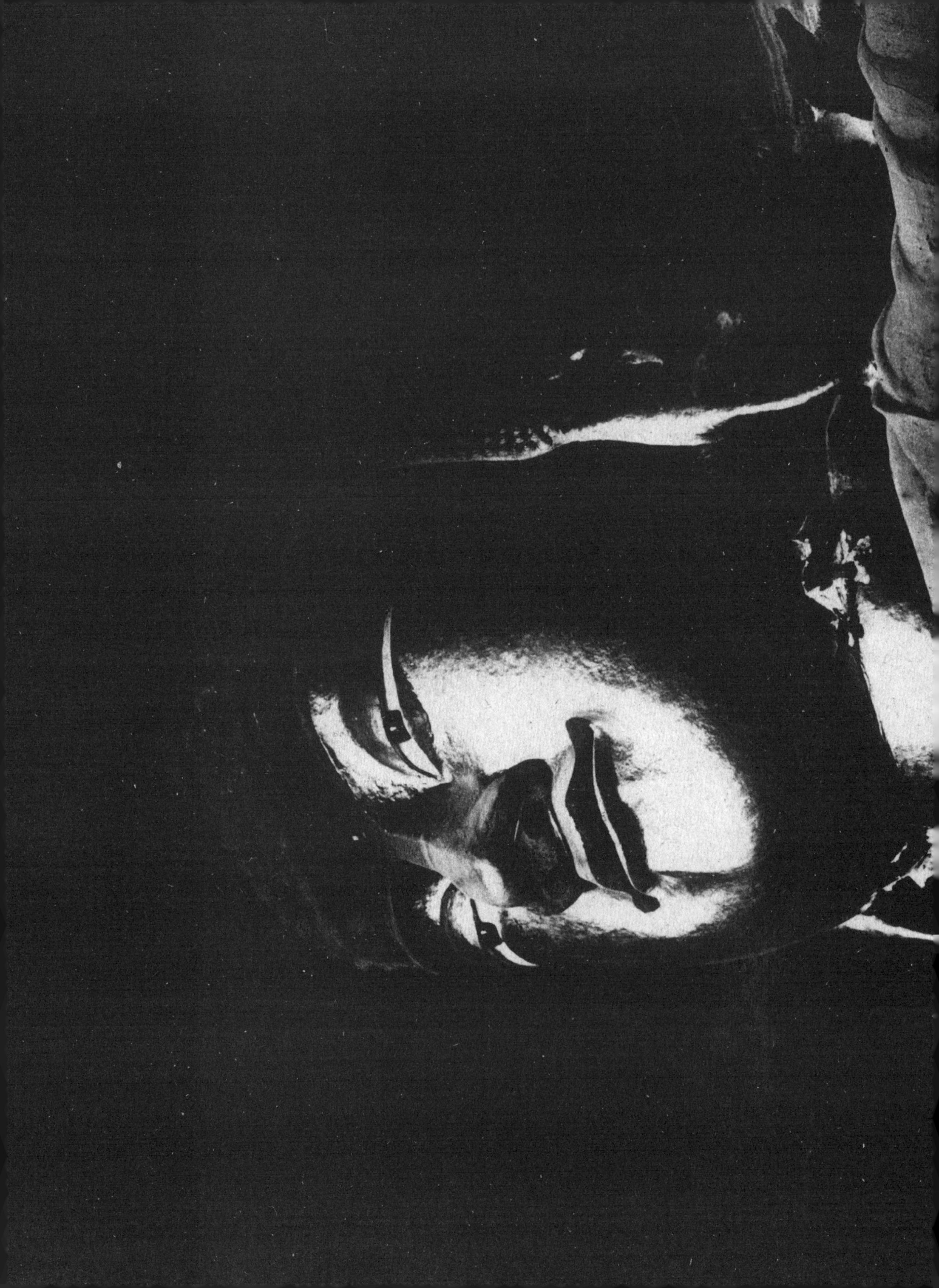

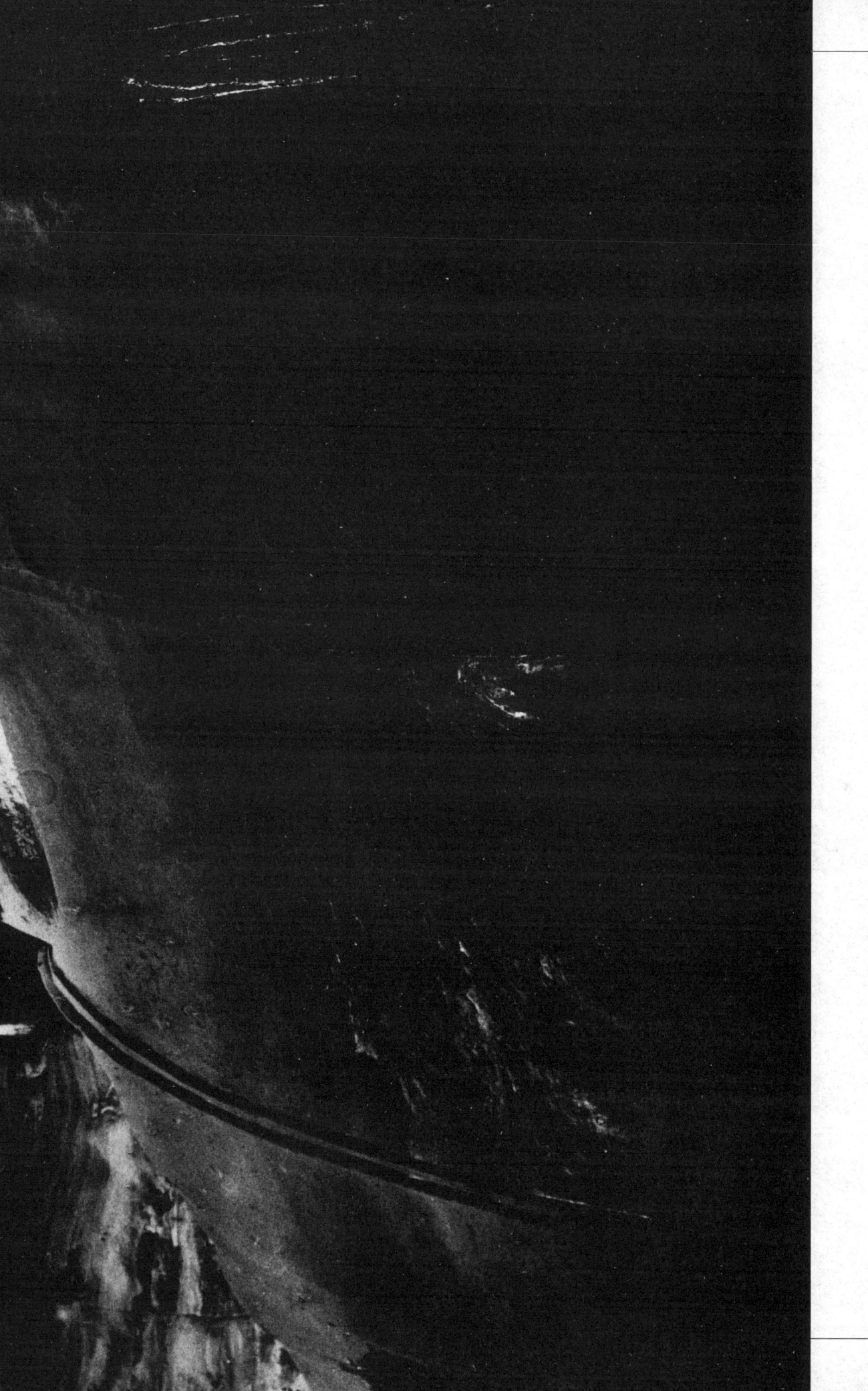

图11 · 第5窟 · 大佛洞 · 本尊佛陀

图 12·第 5 窟·大佛洞·本尊佛陀正面

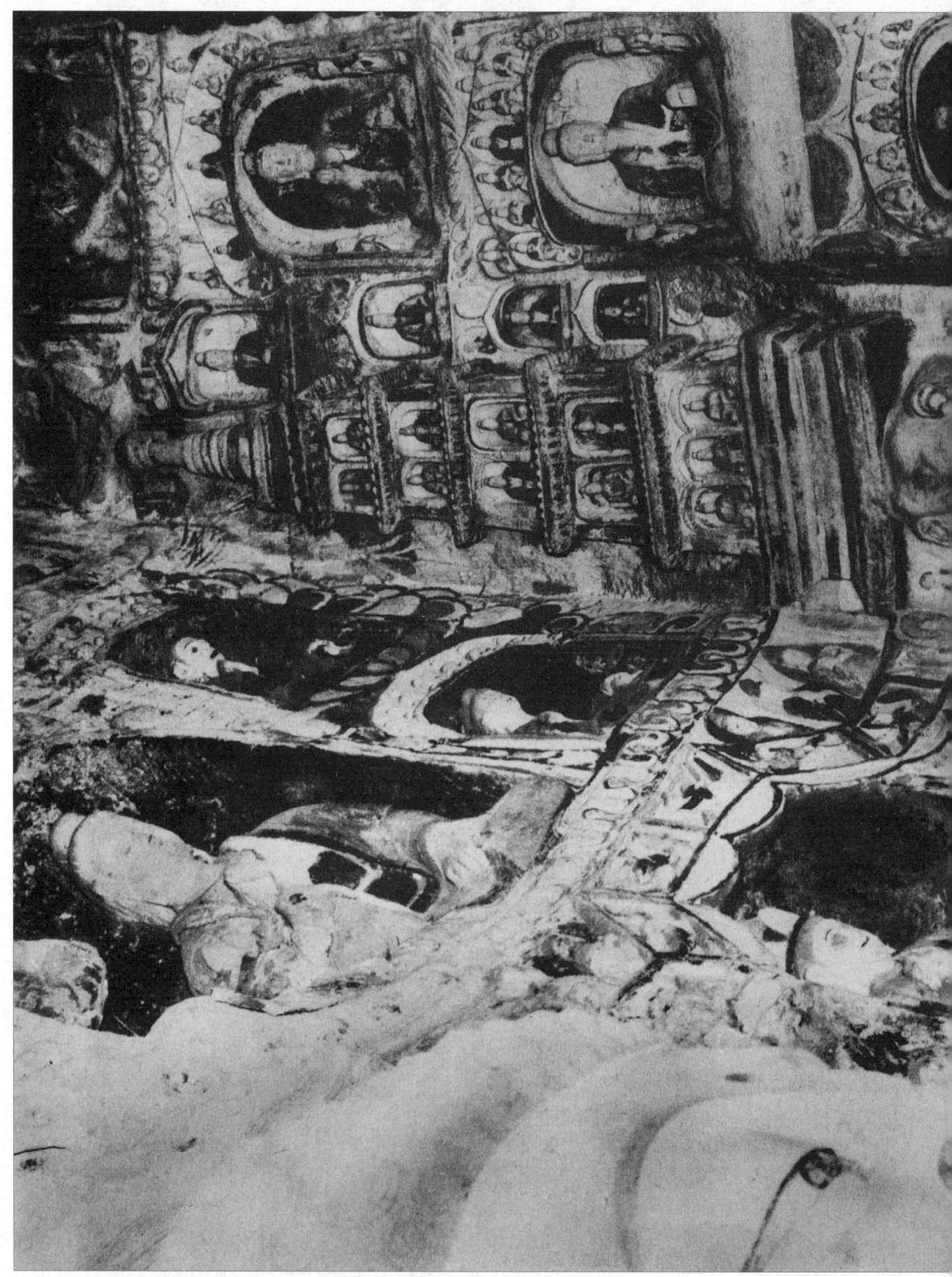

图13·第5窟·大佛洞·东南壁一隅

图 14-2・第 5 窟・大佛洞・上窗拱腹处的千体佛

图 14-1·第 5 窟·大佛洞·西壁上方诸小佛龛

第6窟 ｜ 大四面佛洞

第6窟，位在第5窟以西，窟前亦建4层飞檐。此窟与第5窟一齐，亦是北魏孝文帝时开凿。论规模之宏伟，以及雕饰之华丽，堪称云冈石窟第一奇观。第6窟，东西长46尺1寸，南北长46尺8寸。后壁还有一大佛龛，龛深13尺2寸。窟内中央，有一方形塔柱，东西径长26尺1寸、南北径长23尺9寸。塔柱分上、下2层。塔柱下层南面佛龛内，刻有高8尺许坐佛一尊；东面佛龛内，刻一结跏趺坐佛像，高约10尺；北面佛龛内，刻有释迦佛、多宝佛并坐像，各高8尺许；西面佛龛内，则刻椅坐佛像，高约9尺。佛龛内外，雕满罗汉、菩萨、化佛、飞天等，极尽华丽。塔柱上层，四面刻有佛陀立像，四角立有游离状9层塔柱，雕成绣帐模样，帐上刻双龙自蟠窟腾飞，并有飞天穿插其间，其创意甚为新奇。下层佛龛，后世几经修补，当初之美已受破坏。所幸上层佛像保存尚好，其面容、衣纹等，气势颇遒劲雄浑，北魏佛雕艺术表现手法清晰可见。佛像背光部分，近年来虽经修补加彩，但当年风采犹可窥见。

第6窟东、西、南侧，共有洞壁三面，亦大致分为3层。最下层垂缘部分，有阳刻忍冬纹饰，美轮美奂，余者再分上、下两层。下层部分，刻有梁柱、三斗、蟆股、飞檐，呈殿堂模样，内部供奉诸多菩萨像。上面部分，则有佛本生故事浮雕，雕功精美，可惜多已剥蚀毁损。第2层有佛龛，饰以飞天、化佛，又以5层塔将其隔开。第3层南壁鏨一大窗，壁面外刻有佛龛、佛像、供养天人等。上面窟顶天花板处，雕满璎珞、飞天等。窟顶天花板，状如藻井，其格间有诸天浮雕。

北壁部分分两层。下层部分鏨一大龛，以八角柱将其前面隔为3间。中央1间最大，里面刻有释迦佛坐像一尊，高约十二三尺。左、右两间，亦刻有佛陀立像，高十二三尺余。诸佛刻像，俱已剥蚀损毁严重，经后世修补甚多。北壁上层部分，鏨有三佛龛，亦多半损毁。

总之，第6窟规模宏大，甚有创意，匠心独具，雕饰瑰丽，技巧洗练，不仅冠盖云冈石窟，而且堪称中国现存石窟最为珍贵之作品。

石窟内大方形柱用来刻四方佛，盖其典出《金光明经》。此经以忏悔之法门迎现世凡人于斯庭，被推为忏悔经之首品。早在北凉时期，《金光明经》就被昙无谶译出，并传至北魏，从嵩山少林寺所藏天平二年（535）造像可证之。下为《金光明经》序品：

是金光明　诸经之王　若有闻者　则能思惟
无上微妙　甚深之义　如是经典　常为四方
四佛世尊　之所护持　东方阿閦　南方宝相
西无量寿　北微妙声　我今当说　忏悔等法
所生功德　为无有上　能坏诸苦　尽不善业
一切种智　而为根本

（常盘大定 文）

图15、图16为佛陀立像，刻于第6窟方形柱第2层南面。佛像左、右两手均掌朝外开，施无畏印相及满愿印相。其相貌特异，衣纹曲线颇显遒劲之趣，虽通身佛光为后世补彩者甚多，然当年风采犹隐约可见。佛陀立像的左、右两边系柱状九重塔，北魏时期的木造建筑风格于斯可见。

云冈石窟第六窟平面图

图 15 · 第 6 窟 · 大四面佛洞 · 本尊佛陀

图 16-1·第 6 窟·大四面佛洞·窟内西壁上部

图 16-2 · 第 9 窟 · 大四面佛洞 · 北壁北佛龛上部卷草纹装饰

图 17-1·第 6 窟·大四面佛洞·东壁上部·释迦行化图

图17-2·第6窟·大四面佛洞·入口上方·释迦摩尼、文殊、维摩

图17-1为第6窟东壁第3层佛龛细部。佛龛内刻有释迦佛以及左、右两边的侍佛立像，佛像背后刻有佛光，佛光上錾有小天穹，其左、右刻满供养菩萨。

佛龛之上，又有成列小佛龛，内中供奉诸佛小像，佛龛上方呈璎珞宝饰悬挂状。在佛龛下面，可见层叠小佛龛，以及5层塔婆的一部分。（关野贞 文）

图17-2为第6窟前面入口处上部雕刻。在一佛堂中，中央是释迦佛坐像，左、右系维摩与文殊像，下面则是香炉，以及供养菩萨之刻像。释迦佛宝相庄严，维摩与文殊像温和安祥，二者集遒劲、简朴、古雅之妙于一龛。此画面取自《维摩经》"方丈会"上二大士问答，及"庵罗会"上释迦牟尼佛说法。释迦牟尼佛左侧乃维摩，其右手执麈尾，左手放在禅床之上，正在静听文殊菩萨说法。文殊菩萨在释迦牟尼佛右侧，右手抬起伸出二指，不知表示何物，此时正口若悬河，滔滔不绝。释迦牟尼佛背后有六菩萨，为文殊菩萨说法所倾倒，或合掌，或举手作赞叹状。（关野贞 文）

图 18 下部佛本生故事有壁雕 4 幅，中央 2 幅，一是太子出北门遇沙门图；另一幅画面则是太子决意出城后，毅然离耶输陀罗而去，画面下方有 4 人，是睡眠中的宫女，其睡相甚是不雅。在太子背后，有一双手合掌者，大概是净居天，其从天而降，以劝太子出城。

图 18、图 19 系第 6 窟南壁东端第 2 层，以及东南壁下层所刻佛龛，同时还有佛本生故事浮雕。佛像雕饰端庄华丽，佛像背光以及莲花拱面的飞天、化佛、供养天人图案美轮美奂，体现出非凡的技艺。佛本生故事画面雕刻之典雅，还有忍冬饰纹线条之遒劲，令人赞叹。位于佛龛两侧 5 层塔，可资当时木造塔婆之参考。值得注意的是，塔顶有 3 支相轮，应是代表佛教三宝。（关野贞 文）

图 18・第 6 窟・大四面佛洞・东壁佛龛

图 19 下部佛本生故事画面所见，表示南门病者及西门死者。

图 19 · 第 6 窟 · 大四面佛洞 · 东南壁下方

图20-1为阿私陀仙人见太子图。位于塔柱中心北面,并在本尊雕像左边者,即阿私陀仙人。

图20-1·第6窟·大四面佛洞·窟中立柱北面之本尊像左侧·阿私陀仙人见太子图

晚清民国时期中国名胜古迹图集·第壹卷·山西云冈

图 20-2·第 6 窟·大四面佛洞·东壁佛本生故事·太子弓技斗戏图

图 21-1 为太子出游时于城门处遇老叟图。画面下端可看见飞檐,以及圆垂木、三斗、蟆股等,瓦葺错落有致,藉此可窥当时木造建筑艺术之一斑。

图 21-1·第 6 窟·大四面佛洞·东壁佛本生故事·太子出游时于城门处遇老叟图

图 21-2・第 6 窟・大四面佛洞・东壁佛本生故事・太子探病图

图 22-1 同样取材佛本生故事，曰"后宫宴乐图"。

图 22-2 · 第 6 窟 · 大四面佛洞 · 东壁佛本生故事 · 太子觐父王图

图 23-1 同样取材佛本生故事，曰「太子别耶苏陀罗王妃图」。

图 23-1·第 6 窟·大四面佛洞·东壁佛本生故事·太子别耶苏陀罗王妃图

图 23-2 · 第 6 窟 · 大四面佛洞 · 东壁佛本生故事 · 太子逾墙出城图

图 24-1 系菩萨像,位在第 3 层西面,系云冈石窟中特别值得注目之杰作,可惜被后人几度修补,面目已非。

图 24-1·第 6 窟·大四面佛洞·第 3 层(正面)菩萨像

图 24-2·第 6 窟·大四面佛洞·第 3 层（正面）菩萨像旧容（脸部表面涂层清除后）

图 24-2，木下杢太郎曾于昭和十三年（1938）考察过，将其脸部表面涂层除去后，遂识其真面目，见到了当初微笑的面容。（常盘大定文）

第7窟 西来第一山洞

云冈石窟第7窟位于第6窟西面，于窟前錾开断崖并建3层窟阁。第1层挂匾"西来第一山"，旁书"顺治四年岁次丁亥菊月之吉兵部尚书兼都御史马国柱立"，想来此阁重建于此时。第7窟，平面呈长方形，东西长约30尺，南北长约18尺，地面与窟顶天花板处相距30尺许。窟内北壁分上、下2层，下层中央錾有大佛龛，佛龛中供奉二佛坐像。在大佛龛左、右两侧，又各錾一小佛龛，今已严重毁损。上层整个壁面系一大佛龛，内供三尊佛。中间为结跏趺坐像，两边为椅坐佛像。南壁一侧则于正面开一大入口，并錾窗棂于其上。其左、右及东、西两壁，共分4层，俱錾佛龛。东、西两壁各有二龛，南壁左、右各有一龛，内皆刻有坐佛。佛龛顶上，或作莲花拱，或作袴腰拱，并雕满化佛、飞天。入口上部刻满飞天、菩萨呈排列状，窗台内侧有树木图案雕刻。窟顶呈格井状，格间中心雕有莲花，周围绕以飞天，格缘部分

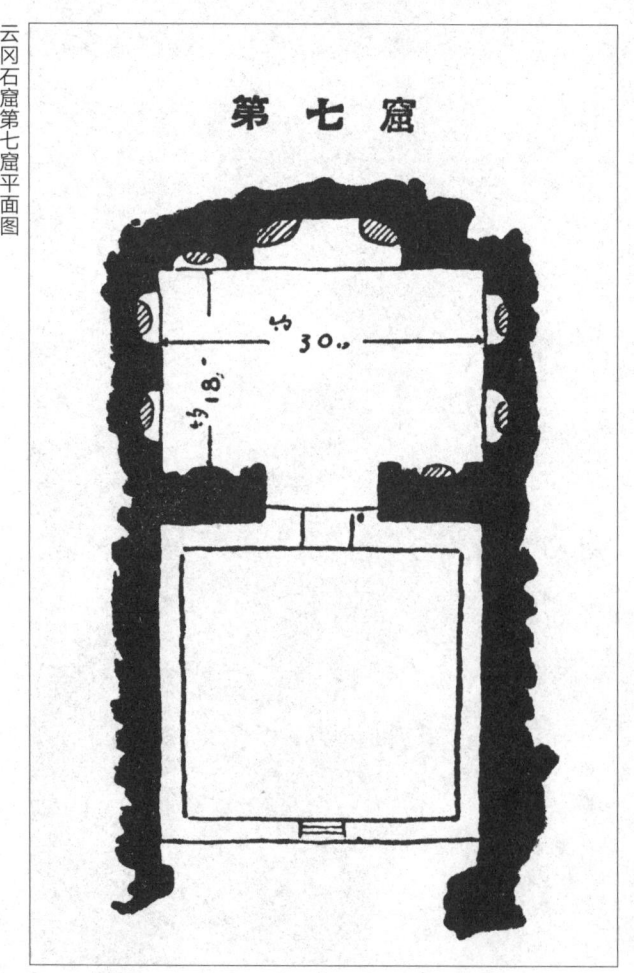

云冈石窟第七窟平面图

有飞天及莲花浮雕。与西壁的雕饰一样，极尽华丽，只是北壁下层佛龛与东壁下部雕刻已破损剥落严重，甚是可惜。（关野贞 文）

图 25-1・第 7 窟・西来第一山洞・南壁入口上方

图25-2 第7窟·西来第一山洞一西壁及其藻井

图 26-1·第 7 窟·西来第一山洞·窟顶天花

晚清民国时期中国名胜古迹图集·第壹卷·山西云冈

图 26-2 · 第 7 窟 · 西来第一山洞 · 南壁下方

图27-1·第7窟·西来第一山洞·南壁下方入口西侧

图 27-2 · 第 7 窟 · 西来第一山洞 · 上方西南壁一隅

第8窟 | 佛籁洞

第8窟接于第7窟西面，规模和第7窟相去无几，匠心及创意亦类同。第8窟，东西长30尺6寸，南北长19尺6寸，形制亦大致与第7窟同，俱是削窟前断崖以成窟檐。石窟后壁分为2层，下层于中央处作一大龛，左、右刻有两尊侍立菩萨像。只是侍立菩萨像今已完全损毁，唯佛本尊像得以保存，但几经后世修补，面目已非。石窟后壁上层则是通壁作一大龛，内供三尊佛，也不幸遭受后世拙劣的修补，其美大减。

第8窟南面开一大拱形入口，其内侧，下面部分刻有金刚力士像。东面力士像仅存头部以上部分，西面力士像则全系后世修补。入口内侧的上面部分是浮雕，东边刻湿婆天像，西边刻毘纽天像，湿婆天像乃三面八臂，骑牛，手持葡萄、弓等物件。毘纽天五面六臂，骑金翅鸟，手持弓、日月等物。所有雕刻，无不生动活泼、姿势优美、自由舒展，极富艺术表现之美。这些见于中国本土最古之湿婆天与毘纽天刻像，与敦煌千佛岩佛刻相同，俱受到天竺艺术之影响。在湿婆天与毘纽天刻像上面，还刻有飞天，拱顶刻有莲花。此入口上部壁面，刻有六尊菩萨像。再

云冈石窟第八窟平面图

上面则开一大窗，窗两侧立有两尊菩萨像。在其入口及窗户两侧，以及石窟内室的东西壁面，与第7窟同，亦分4层，各层刻二佛龛，雕饰华丽。西壁已全然剥落毁损，所幸东壁除腰线外，保存还算完好。窟顶天花板呈格天井状，格缘与格间尽刻飞天、莲花等纹饰。与第7窟同，环绕天花板边缘处，尽刻小佛龛，其中收纳诸佛像。（关野贞 文）

图 28-1・第 8 窟・佛籁洞・前壁藻井

图 28-2 · 第 8 窟 · 佛籁洞 · 前壁入口上方

图29-1·第8窟·佛籁洞·拱形入口左侧湿婆天

图 29-2 · 第 8 窟 · 佛籁洞 · 拱形入口右侧毘纽天

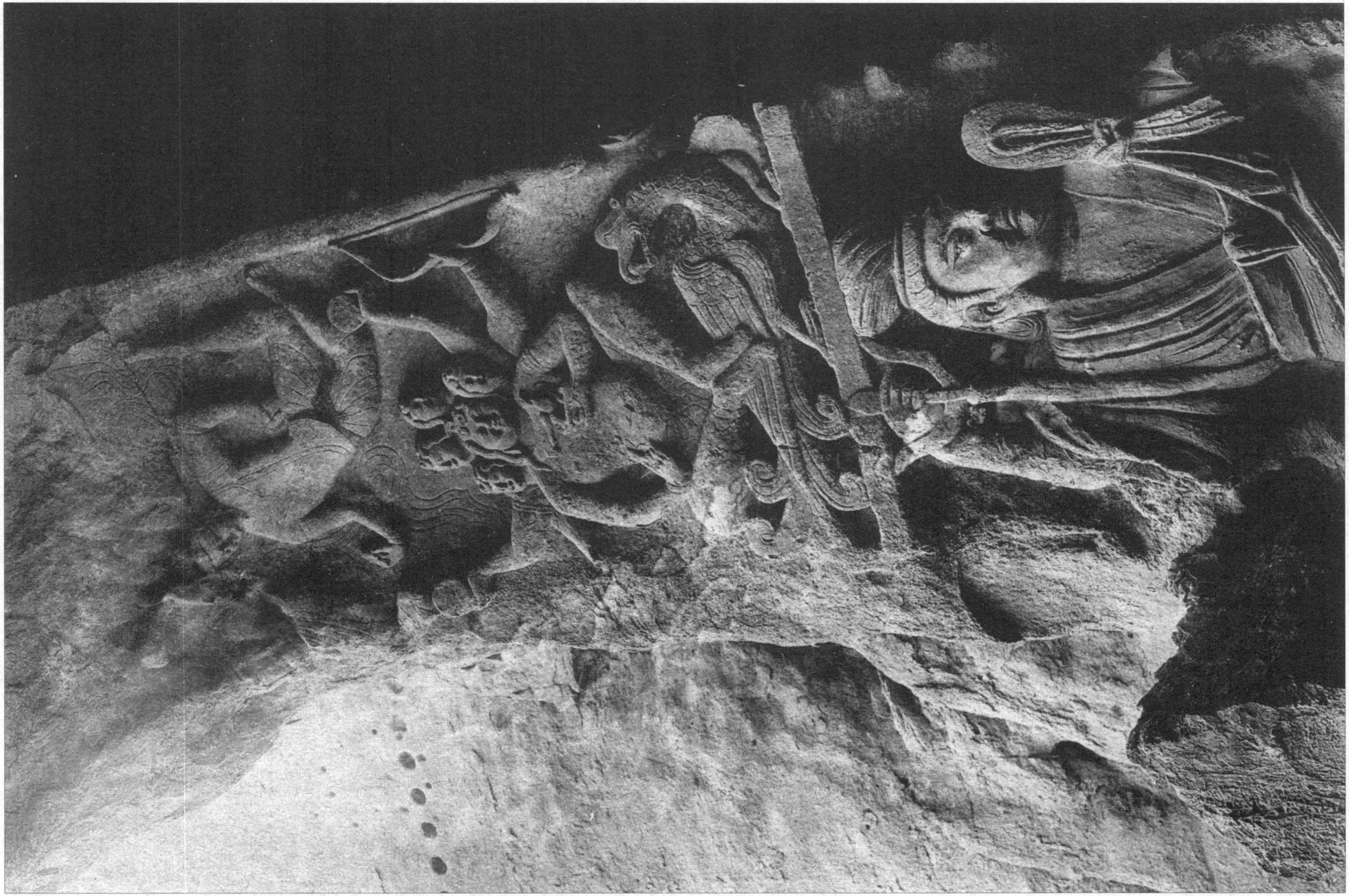

图30-1·第8窟·佛籁洞·拱形入口左侧湿婆天（局部）

晚清民国时期中国名胜古迹图集·第壹卷·山西云冈

图 30-2 · 第 8 窟 · 佛籁洞 · 拱形入口右侧毘纽天（局部）

第9窟 | 释迦洞

云冈石窟第9窟位于第8窟西面，其平面分布以及匠心、创意俱与第10窟相近，或许缘于二者同时开凿之故。第9窟由前、后二室组成。后室东西长36尺2寸5分，南北长34尺1寸。室内中央纳释迦如来佛椅坐像，像高28尺许，此坐像经后世大面积修补，已面目全非，不足为观。东西两壁刻有侍立菩萨像，可惜亦属后世修补，已非原貌。壁面錾有佛龛，并刻有诸多菩萨像。只是除南面及北面一部分外，余者悉数剥蚀毁损。窟顶天花板处，作藻井及雕垂帐状，刻有飞天、莲花，雕饰华丽。本尊造像背后，东、西两侧各錾有耳洞，壁上雕满佛像，现今已大多毁坏。

第9窟前室，东西长36尺9寸，南北长13尺3寸。立八角柱两根将前室一隔为三。八角柱头承以大拱，柱身各面刻满小佛龛。前室与后室之间錾有一入口，雕饰华丽。在其门拱上雕有忍冬纹饰，并配以飞天。再往上，中央刻有香炉，左、右两边各有四飞天，佩饰披彩作降临状，更构三斗、蟆股，以承四注飞檐，又以圆垂木为轩。大梁两端，鸱尾上翘，栋梁上刻着凤凰、火炎，二者相互交织。

在此入口上方，开有一大窗，窗四周雕有化佛、仙人。内侧及拱腹，尽见莲花、飞天、菩萨等浮雕。在此入口以及大窗左、右两边，各錾一佛龛。

东、西两壁分为2层。下层列二佛龛，拱面上尽是飞天、化佛雕刻。上层雕为宫殿状，中间有结跏趺坐佛像。两边为半跌菩萨像。又以两根八角柱支撑三斗、蟆股，上承四注飞檐。大梁雕有鸱尾、凤凰、火炎。

天花板上，刻有力士二人，一前一后，支撑大梁。上又有飞天及莲花浮雕，可谓创意不俗，匠心独具。（关野贞文）

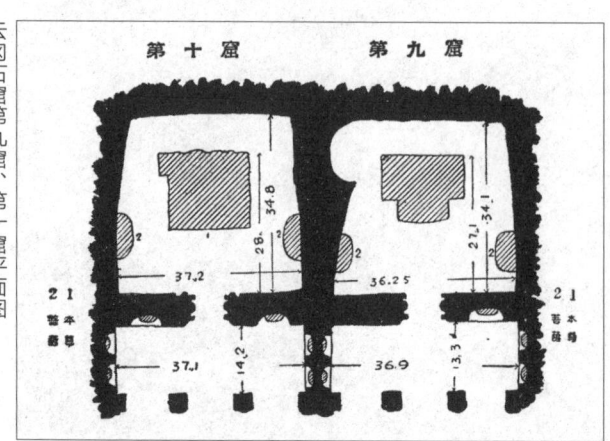

云冈石窟第九窟、第十窟平面图

图 31 · 第 9 窟释迦洞至第 13 窟弥勒洞全景

图 32 · 第 9 窟 · 释迦洞 · 从前室到后室的入口上方

图 33 · 第 6 窟 · 释迦窟 · 前室东壁

图 34 · 第 6 窟 · 释迦洞 · 前屋东壁

图 35-1 · 第 9 窟 · 释迦洞 · 前室前壁上方窗台处拱腹

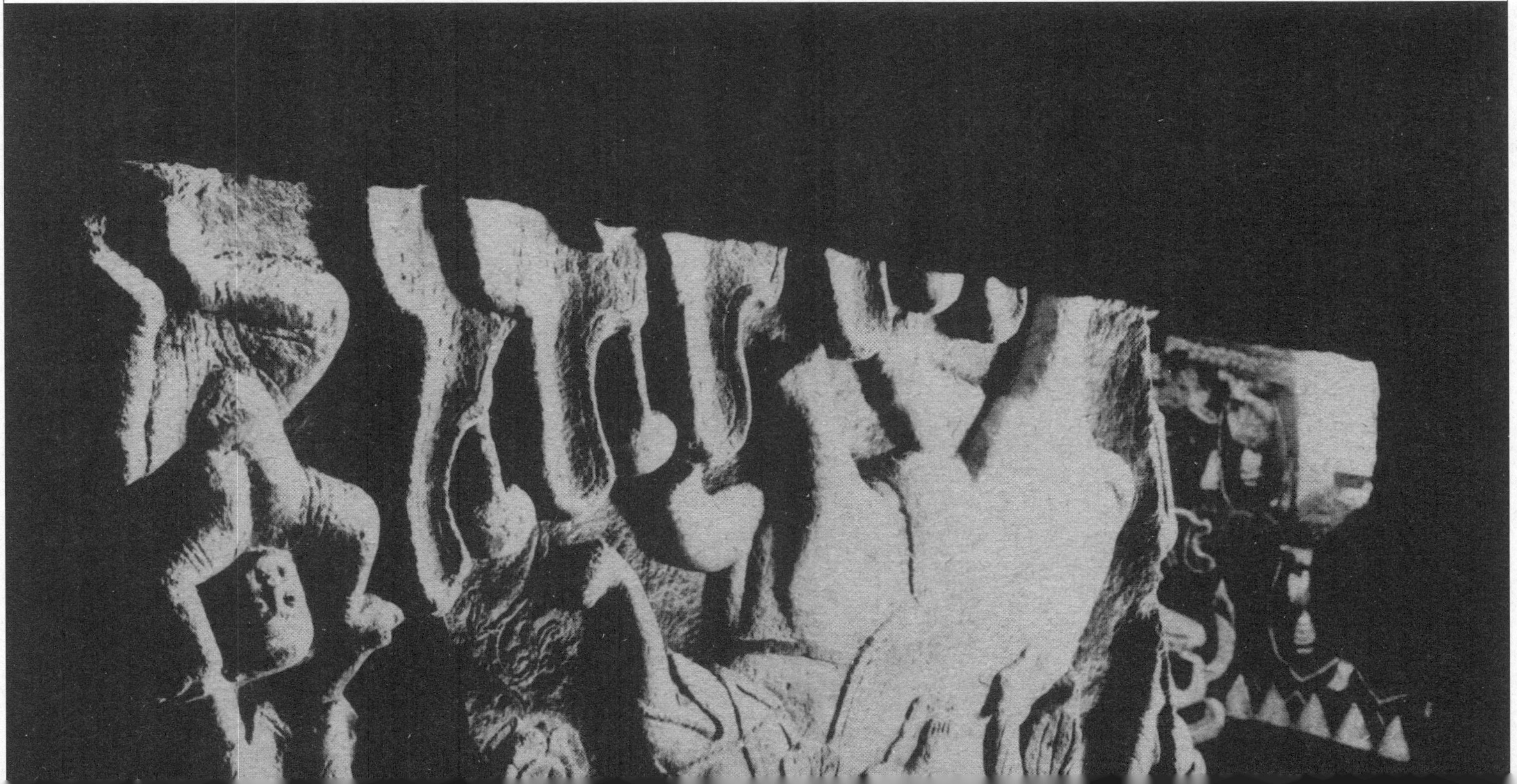

第10窟 | 持钵佛洞

与第9窟几乎相同，第10窟亦由前、后二室组成。后室东西长37尺2寸，南北长34尺8寸，纳有释迦牟尼佛像。释迦佛像，手持铁钵，供奉在中央方座之上。此释迦佛像亦因后世修补，原貌尽失。后室左、右二壁，刻有菩萨立像，以侍奉释迦佛。凡此侍立站像，及其背光，天花板处大半雕刻，俱于后世修补。唯南面入口处左右壁面以及上面窗口周围，旧貌尚依稀可辨。论建造式样、匠心及创意，前室与后室，实难分伯仲。前室东西长37尺1寸，南北长14尺2寸，通往后室的门楣等处，所施雕饰亦与后室相同。因后世修补改造，原初建造风貌已受破坏。唯忍冬纹饰及飞天浮雕，犹是本色天然。在入口处上方，刻有须弥山图样，更在其上开凿一窗。与第9窟相同，此窗四周雕饰华丽。

前室东、西、北三面腰壁，已于后世修补，所幸佛龛、佛像、菩萨和其他雕刻，还算保留完整。凡此雕刻，其创意、构思，与后室部分大致相同。东西两壁以及南壁入口、窗台两侧的左、右壁面，皆分为2层，各錾佛龛。室内莲花拱、袴腰拱俱饰以飞天、菩萨、化佛。所刻宫殿，雕有斗拱、蟆股，上承四注飞檐，并缀鸱尾、凤凰、火炎等图案，又以莲花、飞天装饰窟顶天花。如此雕饰，与第9窟大致相同。大概第10窟与第9窟以同一创意并于同一时间开凿。

（关野贞 文）

图36·第10窟·持钵佛洞·前室通往后室入口上方窗台

图37·第10窟·持钵佛洞·后室入口上方窗台

图38・第10窟・持钵佛洞・前室东南面

第11窟 | 四面佛洞

第11窟位于第10窟西面，平面分布略呈方形，南面宽29尺9寸，北面宽36尺5寸，前后长33尺6寸。窟内中央立一大方形柱，东西长20尺8寸，南北长19尺1寸，方形柱与窟顶相接，高30尺许。大方形柱四面，刻有佛陀立像以及侍其左右之菩萨立像，各高10尺左右，俱遭后世修补改样，唯有前角落柱面一部分，重叠刻满诸多小佛龛，保持着本色。此等佛陀立像上部，刻有天穹，天穹之上，于方形柱四面开凿佛龛。其正面供奉三尊佛，其余三面各刻二佛并坐像。又于此佛刻上方雕出柱头，以接窟顶，柱头颇具古希腊科林多风格。观四周壁面，后壁全部以及左、右两壁后段，均已剥落毁损，并经后世修补。堪称幸存者，唯佛龛与千体佛，密密麻麻，刻满壁面，极尽华丽雍容，虽经后世修补，但仍保持着原来的风采。东面壁上有北魏太和七年（483）的《造像记》铭文，借此可知此窟开凿时间，并可据此推算其他石窟开凿年代，此《造像记》铭文实属珍贵史料。窟顶天花板，划为4域，各域俱雕有双龙，诡丽奇巧，可惜亦经后世加彩修补，致美色大减。

东面壁上的《造像记》铭文，系日本大正八年（1919）九月大同胡钦明氏携望远镜往游云冈石窟时偶然发现并拓之，遂为世人所知。其实，工学博士塚本靖氏于日本明治四十一年（1908）九月来此调查之际就已发现。后来，早崎梗吉氏又于日本明治四十二年（1909）八月往访并拍照。朝向照片上方，（图20）在其右侧，明显可以看到此造像铭文。其左上方有大势志菩萨、观世音菩萨之铭文。早崎梗吉氏识得太

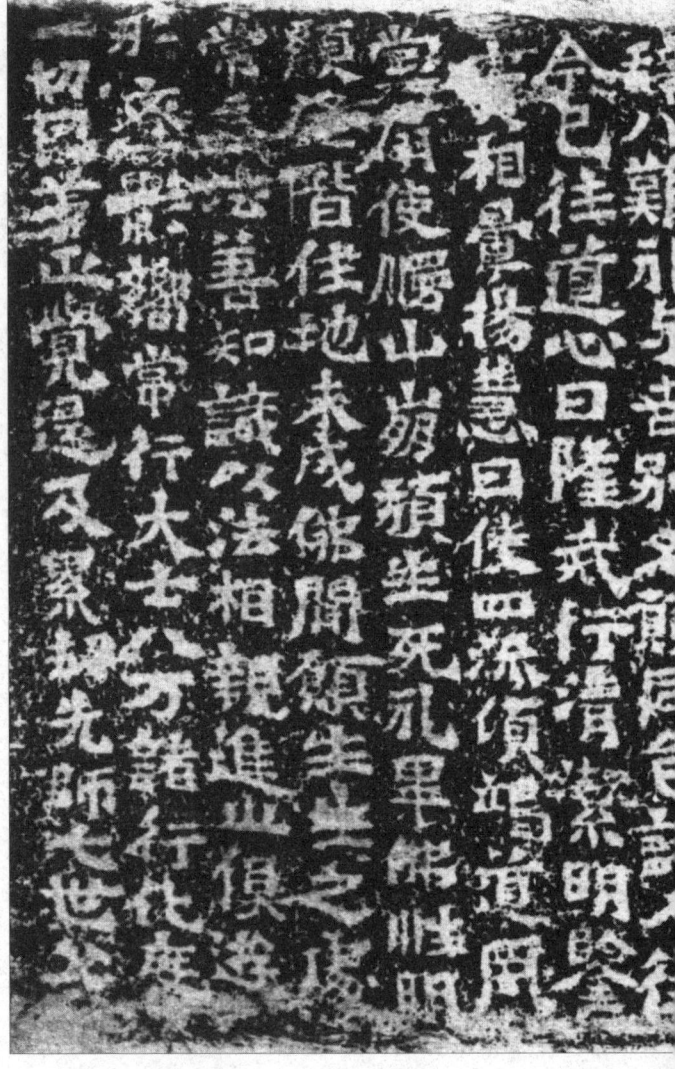

和七年（483）铭文之价值，嘱托寺僧将其拓下，但终于没能获得。最终，塚本靖氏与早崎梗吉氏二人都没能获其拓本，也没能将其公之于世，以至胡钦明发现之前，长期不为世人所知。（关野贞 文）

《造像记》铭文大意为：（图35-2）邑师法宗率邑信男、信女54人，上为皇帝、皇太后及皇子，下为乡邑诸信男、信女之命过诸师，及其七世父母，为其祈冥福并予超脱。是故，特刻造石庙形象95座以及诸菩萨像。铭文中有"遭值圣主，道教天下，绍隆三宝，慈被十方，泽流无外"之词，乃是对北魏孝文皇帝兴隆三宝的赞颂。时为北魏太武帝残酷的毁佛灭佛之后，故从文中不难读出对重兴佛教者的由衷谢意与感恩之情。下面还有"弟子等，得蒙法润，信心开敷"，正是披沥法悦之念，从而"意欲仰訓洪泽，莫能从遂"，唯上谢皇恩而别无他途，是以为国祈福而作此造像。正是有此种法悦，有此等谢意，才成就了云冈石窟

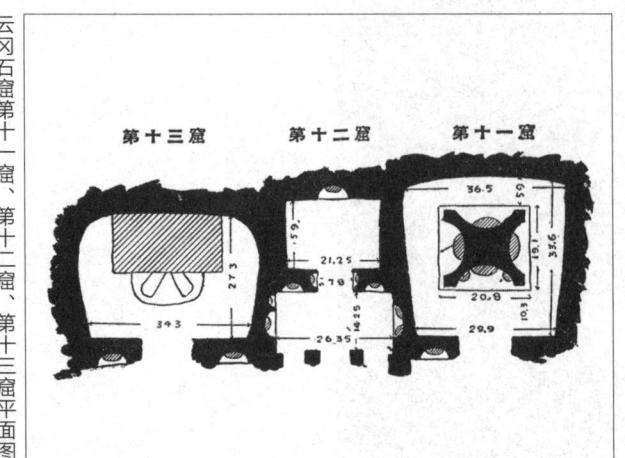

云冈石窟第十一窟、第十二窟、第十三窟平面图

图 35-2 · 第 11 窟 · 四面佛洞上方刻铭拓本（北魏太和七年）

无与伦比之遒劲与瑰丽。铭文左右刻有供养者姓名，即法宗及乡邑信男信女等人名。铭文中所谓观世音菩萨，大概是指铭文右边、共隔成四小佛龛中那一左手持净瓶者，即此观世音菩萨像。铭文大体都还可识读，唯有一处，即"愿生生之处常□法善知识"中"常"与"法"二字之间，有一字已缺损，莫能辨。不妨姑且将此三字连为"常闻法"。并且，铭文最后意思不完整，但是下面已再无行文。仔细想来，应是"七世父"下面还漏了一个"母"字。

造像铭文全文如下：

邑师法宗

太和七年，岁在癸亥，八月三十日，邑义信士女等五十四人，自惟往因不积，生在末代，甘寝眠境，靡由自觉。微善所钟，遭值圣主，道教天下，绍隆三宝，慈被十方，泽流无外。乃使苍夜改（?）眠，久寝斯悟。弟子等，得蒙法润，信心开敷，意欲仰訷洪泽，莫能从遂，是以共相劝合，为国兴福，敬造石庙形象九十五区，及诸菩萨。愿以此福，上为皇帝陛下、太皇太后、皇子，德合乾巛（坤），威逾转轮，神被四天，国祚永康，十方归伏，光扬三宝，亿劫不隧。又愿义诸人，命过诸师，七世父母，内外亲族，神栖高境，安养光接，托育宝花，永辞秽质，证悟无生，位超群首。若生人天，百味天衣，随意餐服。若有宿殃，堕落三途，长辞八难，永兴苦别。又愿同邑诸人，从今已往，道心日隆，戒行清洁，明鉴实相，晖扬慧日，使四流倾竭，道风常扇，使慢山崩颓，生死永毕，佛性明显，登（?）阶住地，未成佛间。愿生生之处，常□法，善知识，以法相亲，进止俱游，形容影响。常行大士，八万诸行，化度一切，同等（?）正觉，速及累劫，先师七世生父（母?）。

（常盘大定 文）

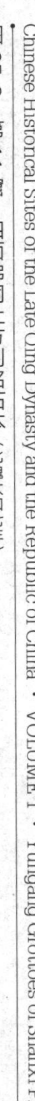

图39为西边壁面大小佛龛。龛头有莲花拱、袴腰拱，皆饰以飞天、化佛。龛内所供，或是释迦牟尼佛，或是弥勒佛。西壁中部，雕刻屋檐状，下面所奉应是过去七佛之七尊佛刻立像，最是壮观（照片所见，只有三尊佛像）。此七尊佛像俱高9尺许，虽经后世补彩，但当初雕刻手法依然可见。七尊佛像，面相庄严，姿态齐整，衣纹褶襞最为遒劲。（关野贞文）

图39·第11窟·四面佛洞·西壁

图40为东边壁面大小佛龛及千体佛。上部右边可以看到太和七年（483）的造像铭文，以及观音菩萨、势至菩萨之小刻铭。大小佛龛俱遭后世修补，所幸当年风采尚在。（关野贞文）

图40·第11窟·四面佛洞·东壁

图 41-1 · 第一一窟 · 四面佛洞 · 外壁东侧上方

图 41-2 · 第 11 窟 · 四面佛洞 · 窟前上部小佛龛

图 41-2 为本尊释迦如来，结跏趺坐。右手施无畏印相，左手执袈裟角，系典型北魏风格。两边刻有 5 层塔以及飞天，上雕垂帐宝饰。再上面，还有两佛并坐小佛龛。（关野贞文）

图 42-1・第一一窟・四面佛洞・外壁东侧佛龛

晚清民国时期中国名胜古迹图集・第壹卷・山西云冈

图 42-2 系一小佛龛，位于二佛并坐小佛龛左侧偏下。如来本尊面容安详平和，眉宇间隐约可见包容一切的宽宏大量。头光及背光均刻满化佛，外缘刻有火炎。在其背光左、右两边，均刻有侍奉菩萨立像，其线条之美不可言喻。只是，如来本尊手部以下部分已经毁损，非常可惜。（常盘大定 文）

第12窟 | 椅像洞

第12窟位于第11窟西面，其平面布局与第9窟以及第10窟相似，即由前室和后室两部分组成。后室东西长21尺2寸5分，南北长15尺9寸。本尊为一椅像，供奉于高坛之上，坛高10尺许。本尊椅像左、右两边，刻有四菩萨像，其中两尊菩萨骑着狮子。所有雕像俱经后世修补，旧颜已改，实在可惜。后室高坛中央有一佛龛，也同样经后世修补。石窟内东、西二壁，还有南面石壁，以及窟顶部分，大体上还是原貌，但壁面下部，多为后世修补。凡此壁面，均分作上、下两层，以錾佛龛。佛龛外，密密麻麻刻满菩萨像，最是华丽雍容。室前入口处之拱腹，雕刻双龙，气势磅礴。左、右两边，均刻仁王像，只是西边仁王像，于今仅存胸部以上部分。

再看前室，其东西长26尺3寸5分，南北长14尺2寸5分。室前有两根形状奇异的柱子将前室一分为三，上部开有窗扉。入口左、右两侧，各錾一佛龛，上部窗户左、右两边，亦各刻一佛龛。

左、右两壁雕饰，最是值得一看。东边壁面下半部雕饰，多经后世修补，只有西边壁面部分，尚保留些许旧容故貌。（图43）壁面分为上、下两部分，下层部分刻一佛龛，佛龛之上雕刻山岳状，中有人物许多，或携玉瓶；或做泻水状。在其左边（北），又刻一小佛龛，中有佛陀立像。壁面上部，但见东、西二壁共雕3处宫殿。八角柱上有大斗承梁，梁上有三斗、蟆股，而且，特别是肘木及其上面斗木，均刻以兽形。蟆股顶部亦以兽头为饰，中央部位的蟆股两旁，则以凤凰饰之，可谓气势磅礴，匠心独运，令人惊叹。再观其轩，以圆垂木作柱，四注飞檐，瓦葺其上。大梁两端，鸱尾上翘。大梁中间雕有迦楼罗，迦楼罗与鸱尾之间雕作火炎状。左、右下梁则见凤凰翩跹起舞。天花板上，有奏乐天人，以玉体前倾作支梁。上有藻井，形态优美。藻井格间，刻有莲花，藻井格缘，则见飞天是高浮雕。（关野贞 文）

图 43 · 第 12 窟 · 椅像洞 · 前室西壁

图 44 · 第 12 窟 · 椅像洞 · 前室东北侧壁

图 45-1 · 第 12 窟 · 椅像洞 · 前室藻井

图 45-2 · 第 12 窟 · 椅像洞 · 前室藻井南侧

图 46-2·第 12 窟·椅像洞·入口拱腹右侧

图 46-1·第 12 窟·前室藻井西侧

第13窟 ｜ 弥勒洞

　　弥勒洞位于第12窟西边，东西长34尺3寸，南北长27尺3寸。弥勒洞内刻一大弥勒佛像，弥勒佛像高约50尺，于一方座之上，结跏趺坐，其宝冠直抵窟顶天花板，实乃气势宏伟之杰作。而且，此弥勒坐像身体各部比例至为精确，只可惜后世修补太多。弥勒佛像背光部分以及西侧壁面亦俱遭后世修补。还好东壁与南壁基本上原貌犹在。南壁中段，雕有立佛七尊，代表"过去七佛"。其他壁面，刻满大小佛龛及千体佛等，蔚为壮观。天花板处，除本尊佛像的背光之外，还可见奇异的蟠龙一对以及忍冬纹饰。第13窟入口左、右两侧刻有仁王像，上面还有佛龛，可惜大半已遭毁损。此石窟，如前所述，应是献文帝为皇考文成帝所造，系石佛寺区域内式样最为古老之石窟。（关野贞 文）

图 47-1 · 第13窟 · 弥勒洞 · 外观

图 47-2 · 第 13 窟 · 弥勒洞 · 内部

第14窟 ｜ 千佛柱洞

　　第14窟位于第2区东端，分为前、后二室，现已毁损严重。后室左右宽约20尺，前后纵深约10尺。后壁部分毁损殆尽，只有左右两壁，尚有佛龛遗存。有一方形柱，四面刻满千体佛，此柱将石窟隔为前、后二室，此柱亦已毁损严重，于今勉强撑立。（图48-2）前室两侧壁面，均刻满层层佛龛。西壁部分，保存还算完整，所刻佛龛大致可分为7层。图48-1系其第3层、第4层及第5层。第4层的中央部位，錾有一大佛龛，内有二佛并坐像，在二佛并坐像两侧，还有菩萨侍像。第3层刻有香炉，以及供养菩萨立像八尊。第5层则刻有三佛龛，在第4层、第5层左、右两旁，层层叠叠，刻满单层塔，塔内中各供奉一佛陀。（关野贞文）

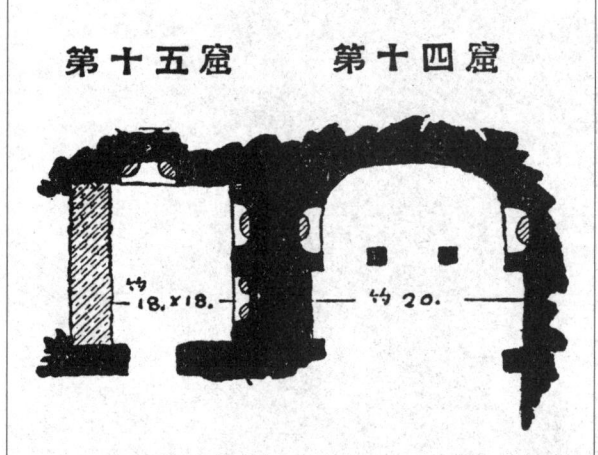

云冈石窟第十四窟、第十五窟平面图

图 48-2 · 第 14 窟 · 千佛柱洞佛柱

图 48-1・第 14 窟・千佛柱洞・西壁

第15窟 ｜ 千佛洞

第15窟毗临第14窟西面，其平面布局呈方形，前后左右宽约18尺。入口位于南面，入口上方錾有一窗。石窟外壁，毁损破坏严重，唯千体佛像尚留些许。西面与第16窟前室相接，所遭破坏尤为严重。（图49）窟内地面与窟顶相距约30尺。后壁高约10尺处，錾有佛龛，纳二佛并坐像。再上面，又有一佛龛。东壁部分，有三佛龛，两个在壁面下半部，一个在壁面上半部。西壁下半部，现今已被砌成杂物间而未能观瞻，但看去其上半部分和东壁相同。（图50-1）石窟四壁的雕刻，除佛龛外，还有千体佛。天花板处，中心部位刻有莲花，周围则有蟠龙。（关野贞 文）

图 49 · 第 15 窟 · 千佛洞 · 前面

图 50-1 · 第 15 窟 · 千佛洞 · 西壁

第16窟 ｜ 立佛洞

第16窟位于第15窟西面，是云冈石窟最早的五大石窟之一。入口位于正面，入口上方开有一窗，以便窟内采光。第16窟平面格局呈椭圆形，东西长39尺5寸，南北长28尺2寸。紧贴后壁处，錾有佛陀立像一尊，高约40尺，立于莲座之上，只是，于今唯胸部以上部分尚存，其余俱已严重损毁。石窟内四周壁面，刻满大小佛龛，上面部分刻有千体佛像。可惜佛龛与佛像雕刻大半已经剥蚀毁损，窟顶部分亦无幸免，尽遭破坏。（图50-2）

云冈石窟第十六窟平面图

图50-2·第16窟·立佛洞·东南壁一隅

图 51-2 · 第 16 窟 · 立佛洞 · 附近 2 佛龛（细部）

图 51-1、51-2 所示为二佛坐龛，位于第 16 窟旁。此二佛面容丰润，衣纹流畅，系北魏石窟雕刻艺术之典型表现。（关野贞文）

图 51-1 · 第 16 窟 · 立佛洞 · 附近2佛龛

第17窟 | 弥勒三尊洞

第 17 窟同为云冈石窟最早五大窟之一，从云冈东面排第二位。与第 16 窟相同，第 17 窟也是入口开在石窟前面，并于入口上方开凿一窗。其平面格局呈椭圆形状，只是略带棱角。窟内空间，东西长 36 尺，南北长 26 尺 1 寸。有一本尊弥勒椅像，倚靠在方座之上，弥勒头部宝冠高耸，与窟顶相接，坐像高约 45 尺，极为壮观。在其两侧壁面，各凿一佛龛，内纳侍佛像，左（东面）为坐像，右（西）为立像。侍佛像的面容风采、衣纹式样，俱显造像风格与雕刻手法之独特。左侧侍佛像，通肩着衣，施入定印相，面容及衣纹均与众不同。除弥勒坐像与侍佛像外，窟内壁面以及入口一侧壁面，雕满大小佛龛。壁面上半部分，还刻满千体佛，并延至窟顶天花板部分。（关野贞 文）

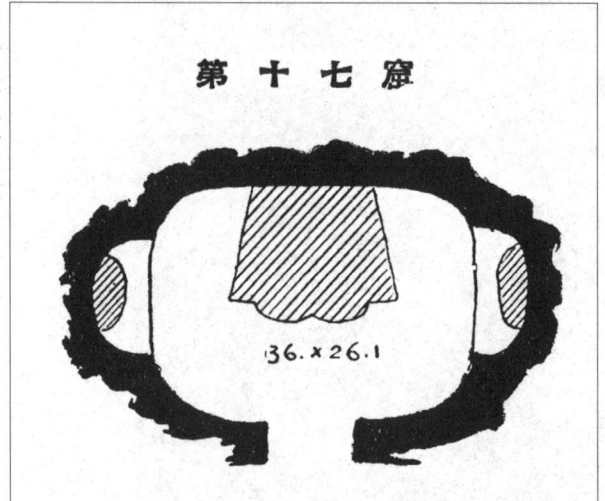

云冈石窟第十七窟平面图

图 52-1·第 17 窟·弥勒三尊洞·窟内

图 52-2 · 第 17 窟 · 弥勒三尊洞 · 入口拱腹东壁

图53-1·第17窟·弥勒三尊洞·东侧侍佛像

图 53-2 · 第 17 窟 · 弥勒三尊洞 · 西侧侍佛像

第18窟 | 立三佛洞

　　第18窟亦属云冈石窟最早五大窟之一，从东面数起，排序第三。与前记第17窟相同，第18窟入口也位于正面，入口上方还辟一窗，系一呈椭圆形状大石窟。内部空间宽敞，东西长54尺5寸，南北长23尺1寸。石窟内部中央，造一本尊立像，纳于莲座之上，高约45尺（足距长11尺，宽4尺7寸）。本尊佛像两侧，又有侍佛立像，侍佛立像与两侧壁体尚有些许空隙，立像各高25尺许，亦是纳于莲座之上。在本尊佛像与侍佛立像之间，另有侍奉菩萨立像，各高23尺许，一样被纳于莲座之上。由此可知，第18窟规模之宏大。窟内四周壁面，到处刻有佛龛，并密密麻麻雕满千体佛。窟顶呈穹窿状，亦是刻满佛陀、菩萨及千体佛。

　　窟内的本尊佛像，身躯伟岸，虽鼻梁部分已经损毁，但依旧宝相庄严，丰颊重颐，颈部划有一横线，显具笈多时代佛教造像之特征。而且，其衣纹颇为特别，腹部以上，自两袖至肩，每一褶襞都刻满小化佛，为其他佛像见所未见。（图55）

　　两侧侍佛像及菩萨像，俱袈裟及肩。凡此立像，均右手施无畏印相，面相庄严，其衣纹褶襞，线条遒劲，亦显笈多王朝佛教造像风格之影响。（图56）

　　窟内后壁，即于本尊造像右方背后，有一立像，左手持净瓶，想必是观音菩萨。

　　第18窟规模宏伟，窟内佛像气宇轩昂，形体伟岸，实可冠盖云冈石窟。（关野贞 文）

　　石窟内上部窗户东侧壁下高约4丈处，刻有北魏太和十三年（489）铭文。日本大正十四年（1925）十月，岩田秀则氏在北京时，此铭文即为其所发现。经与前述北魏太和七年（483）铭文互相引衬，铭文全文便可判读。

　　据此铭文所载，比丘尼惠定为外弭重患，内增道心，并且为将此功德广被父母、诸师以及众生，特造释迦、多宝、弥勒佛像三尊。比丘尼惠定所发之愿只为完成此三尊佛造像，由此可知，与石窟开凿并无干系。从铭文记载可察知，在已开凿的石窟内，随着时间的推移，后人会不断追加雕刻。铭文载有释迦、多宝二佛之名，足证云冈石窟佛陀造像系由《法华经》影响及其信仰所致。铭文如下：

　　大代太和十三年，岁在己巳，九月壬寅朔十九日庚申，比丘尼惠定，身禺重患，发愿造释迦、多宝、弥勒像三区。愿患消除，愿现世安稳，戒行福利，道心日增，誓不退转，以此造像功德，逮及七世父母，累劫诸师，无边众生，咸同斯庆。

（常盘大定 文）

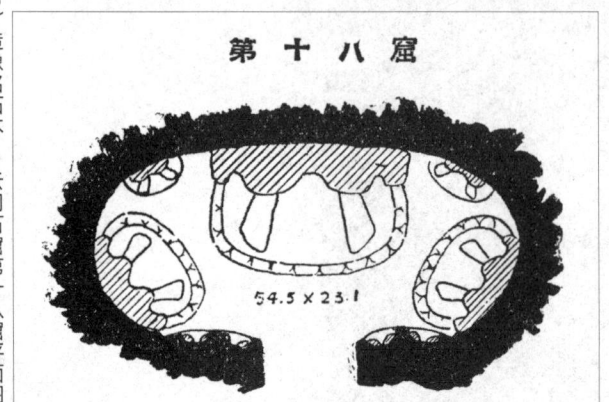

云冈第18窟·太和十三年（489）造像铭拓本　云冈石窟第十八窟平面图

云冈大露佛背后山丘上·居士塔

云冈大露佛背后山丘上·居士塔

图 54-1·第 18 窟·立三佛洞·上方窗台拱腹东侧

图 54-2 · 第 18 窟 · 立三佛洞 · 窟内

图 55 · 第 18 窟 · 立三佛洞 · 本尊佛像及左侧胁侍菩萨像

图 56 · 第 18 窟 · 立三佛洞 · 左侧侍菩萨像

第19窟 | 大佛三洞

　　第19窟，在云冈石窟最早五大窟中，从东面数排位第四。窟内中央，造有一本尊佛像，此处称中洞，在其左、右两边，各有一耳洞，洞中有侍佛造像。本尊佛像与侍佛造像，共同组成一佛陀群像。

　　中洞，平面略呈椭圆形状，唯其南壁整体呈直线状，东西长62尺4寸，南北长35尺8寸。洞内中央纳大佛像，高45尺许，气势雄伟。此佛像右手伸至胸前，左手放于膝上，拇指与食指捏住袈裟衣角。虽是宝相庄严，可惜下颌已缺，腹部以下亦毁损严重。

　　石窟正面入口上方，鑿有一大窗。窗户左、右两侧，造有二菩萨立像，高12尺许。除此二尊菩萨像外，石窟内壁，尽刻千体佛像。此外，两壁下部，还有两座七重塔，只是塔体已遭破坏，如今仅存残骸。本尊造像，刻有背光，但见飞天翩跹，出没于火焰中。

　　左边耳洞，刻有侍佛像。此洞位于中洞东边，平面略呈椭圆形状，东西长24尺9寸，南北长14尺5寸5分，地面距窟顶高约28尺。耳洞所纳本尊，系一椅像，高25尺许。在其左、右两边壁面，还刻有侍奉菩萨立像，各高15尺许。在本尊佛像背光以外四处壁面，刻满千体佛像。除此之外，在入口一侧，还刻有诸多小佛龛及小佛像。

　　右边耳洞位于中洞西边，构造与左洞相同，现今该洞西南角已塌陷。此洞东西长约24尺7寸，南北长约17尺1寸，平面格局略呈椭圆形状。本系一椅像，高23尺许。佛像背光刻有熊熊火炎，火炎中现诸多供养天人。在此尊侍佛左、右两侧，均有菩萨侍像，可惜现在右边一侧菩萨造像已失。周遭壁面，密密麻麻刻满小佛龛，龛内纳有千体佛。（关野贞 文）

图60-2所示为右边侍奉菩萨立像。菩萨面容清俊，身态秀美，其衣裳褶襞，由线条遒劲的曲线组成。又见左手下垂并持净瓶，其宝冠还刻有化佛，由此可知，此侍奉菩萨立像应是观世音菩萨。

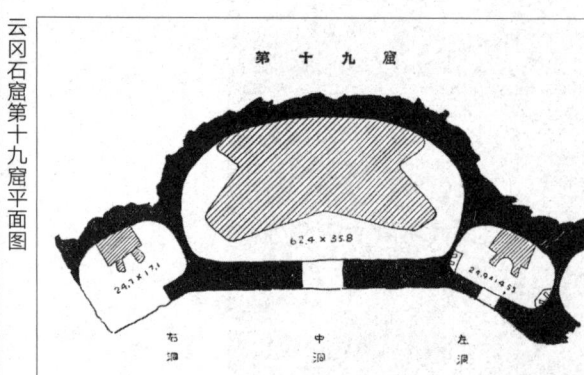

云冈石窟第十九窟平面图

图 60-2 · 第 19 窟 · 大佛三洞左洞 · 北壁右侧侍佛像

图60-1 第19窟·大佛三洞右洞·东北壁左侧侍佛像

图 57 · 第 19 窟 · 大佛三洞左洞 · 入口东侧壁面

图 58 · 第 19 窟 · 大佛三洞左洞 · 入口拱腹左侧

图57、图58所示乃左洞入口处东、西两侧壁面，密密麻麻刻满大小佛龛、佛菩萨，虽说手法简单，但其功法、技法却颇值观赏。佛龛所刻莲花拱、袴腰拱，尽可见犍陀罗艺术之余韵。

图 59-1·第 19 窟·大佛三洞中洞·窟内

图 59-2 · 第 19 窟 · 大佛三洞右洞 · 本尊佛陀台座侧面人物像

第20窟 ｜ 大露佛

　　第 20 窟位于云冈石窟最早五大窟最西端，现今，前壁已崩塌，整个佛陀造像几近全露在外。窟内正中是释迦牟尼本尊坐像，其左、右两侧，则是侍佛立像。右侧的侍佛立像，几乎形迹俱无，唯有左侧的侍佛立像尚存。大露佛背后丘陵之上，有一寺院耸立，是祭祀碧霞玄君之庙观。（图61）释迦牟尼本尊坐像，其膝盖以下部分已被埋入土中，从膝盖以上部分算起，至窟顶高约 33 尺，因此，本尊坐像整体高度应该不下 45 尺。佛像面容，气势不凡，颇具北魏时期佛教造像的艺术特征。观此佛陀造像，但见眼稍细长，嵌入黑石，以为眼珠，且眉生卧蚕，鼻梁高挺，与额相连，嘴唇略薄，稍微上翘，更显几分神态深沉，加之面容丰润，颐作二重，颈部还现一横线，如此这般，无不表明其颇受笈多文化艺术之影响。此外，还见该坐像耳大但无环孔，乌瑟高耸，却未结螺发，眉间白毫依稀可辨。右肩袒露，呈入定相，身躯伟岸，衣纹雕刻技法极为特异，与前述敦煌石窟第 111 窟之二佛坐龛式样相近，颇有雄劲之风。

　　大佛背光为双重，头上光环中心处刻有莲花，在其周围雕出化佛、供养菩萨以及火炎等，尤以火炎式样最为奇异。（图62、图64、图66）

　　位于左侧的侍佛立像，膝部以下部分已埋入土中，见于地上部分者，高约 20 尺。其面容与本尊相同，衣覆两肩，褶襞叠重，仿佛透过极薄的衣裳，依稀可见胴体四肢。应该说，此亦与敦煌佛刻相同，系受笈多佛刻艺术之影响。其背后佛光，匠意亦与本尊造像同，只是，外面所刻并非火炎，而是代之以忍冬纹饰。（图67、图68）（关野贞 文）

图 61 · 第 20 窟 · 大露佛周边远景

图62 · 第20窟 · 大露佛

图 63 · 第 20 窟 · 大露佛

图 64-2・第 20 窟・大露佛头部

晚清民国时期中国名胜古迹图集・第壹卷・山西云冈

一六〇

图 64-1 · 第 20 窟 · 大露佛头部

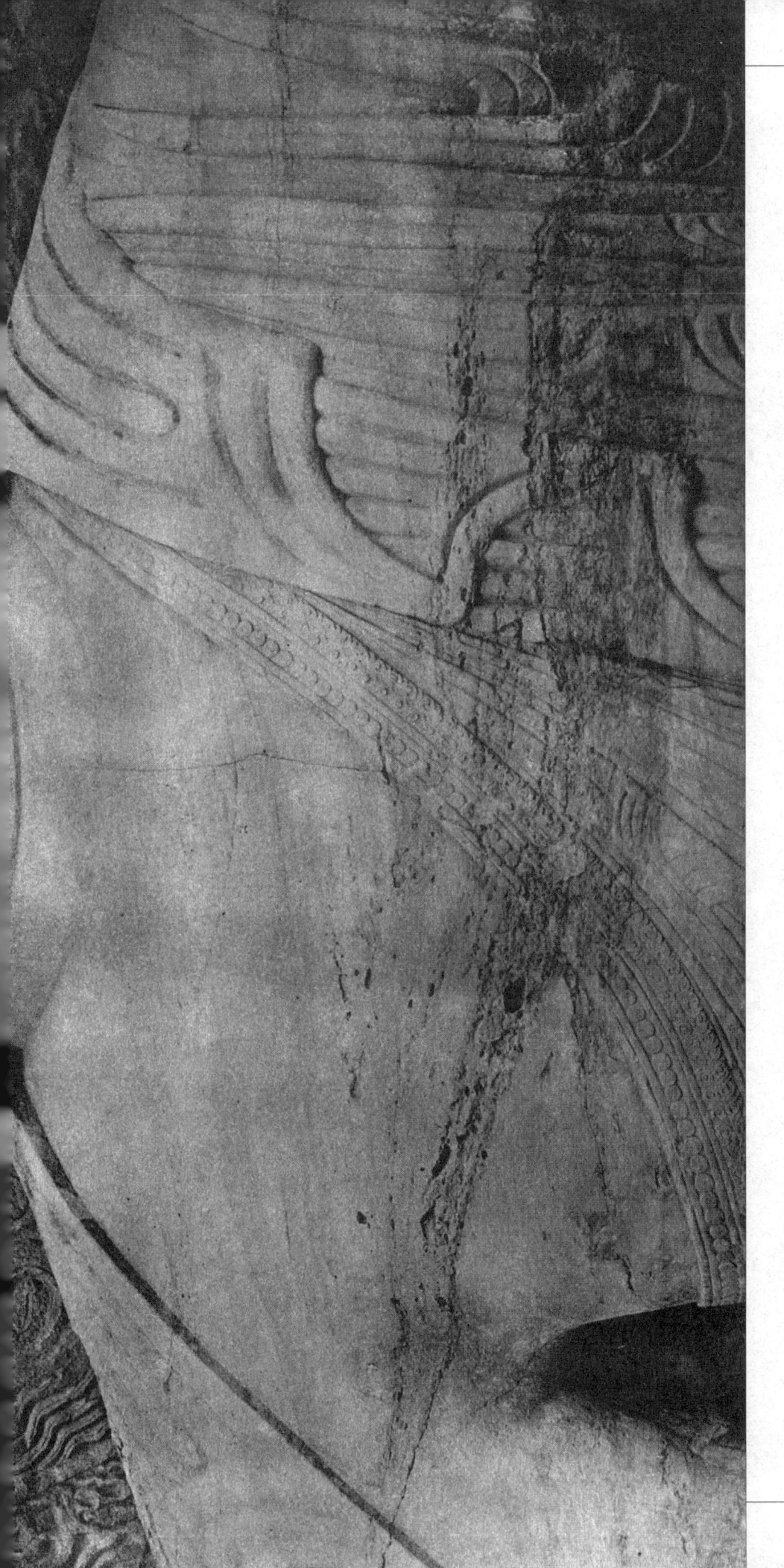

图一六三 第20窟·大露佛头部正面

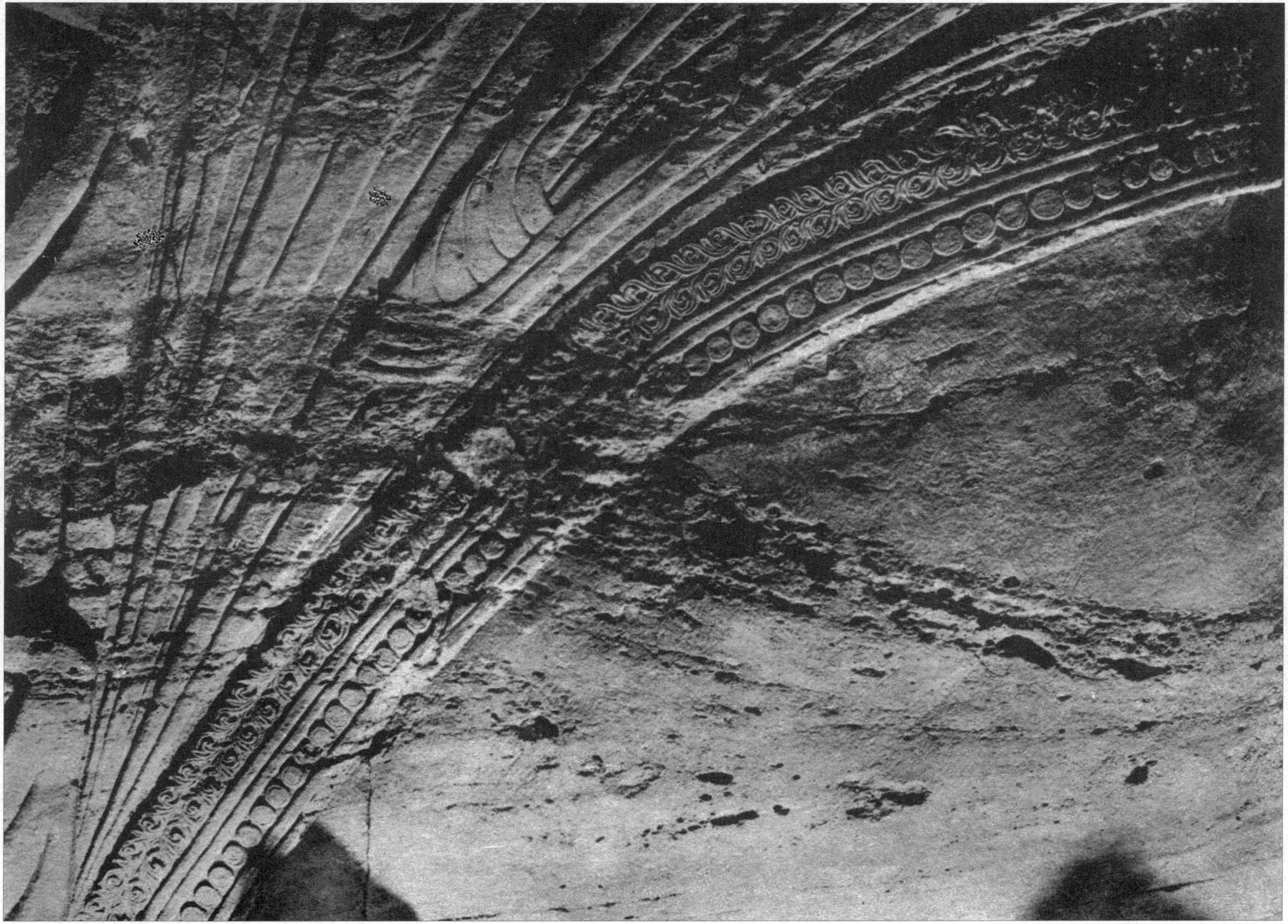

图 66-2・第 20 窟・大露佛胸部袈裟

图 66-1・第 20 窟・大露佛背光细部

图 67 · 第 20 窟 · 大露佛左侧侍菩萨

图68-1·第20窟·大露佛左侧侍奉菩萨头部

图 68-2 · 第 20 窟 · 大露佛左侧侍奉菩萨头部

第21窟 | 大露佛以西诸小佛洞

第20窟大露佛西面，与其毗邻者，乃诸多大小不一的佛龛群，其数量以百计，或难计其数。除塔洞之外，此佛龛群的存在，于此石窟而言，似乎无足轻重。但说来有趣，恰因如此，致使其于今得以保存完整如初，逃过惨遭修补之厄，真正保留北魏时期佛窟开凿时之风貌。如此反而让人更感兴趣。有关此处小洞窟名称，姑且袭用先前肖邦纳博士的命名。肖邦纳博士将东边第1区4处石窟命名为东方第1窟、第2窟、第3窟、第4窟。与此有别，笔者则是将五大窟中的第5窟称为第1窟。对笔者定名为第19窟之左洞、中洞、右洞，肖邦纳博士则又是分开命名。

是故，我所称为第20窟者，于肖邦纳博士命名中则为第19窟。肖邦纳博士在大露佛以西一带，只定名至第20窟，其他则是称为A窟、B窟、C窟、D窟、E窟、F窟、G窟、H窟。H窟者，笔者称为"塔洞"。下面，依照这一顺序，将肖邦纳博士命名的第20窟称作第21窟，其后，顺次为A窟、B窟、C窟、D窟、E窟、F窟、G窟。至于肖邦纳博士所命名的H窟，我依然沿用旧名，称为"塔洞"。

图69-1为以大露佛为中心之全景照。如图所见，西面大小佛洞数量极多，要对其进行一一梳理几近不可能。

图69-1·以大露佛为中心全景图

图 69-2 系第 21 窟东壁，此面壁分作上、下两层。下层以二佛坐龛为中心，上层则以结跏趺坐像为中心。二佛坐龛中的佛像，面相甚是雍容丰润，上层佛龛内的结跏趺坐像左、右两侧小龛中所纳坐佛，神态尤显温静典雅。结跏趺坐像佛龛袴腰袴拱之上所刻天人，以及上方垂帐，还有悬于天弯之上花鬘等物，其雕刻技法甚是绝妙。

图 69-2 · 第 21 窟 · 大露佛以西诸小佛洞 · 东壁

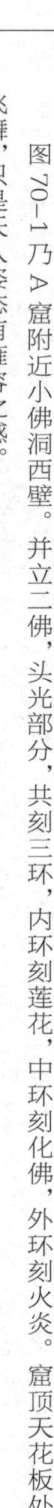

图70-1乃A窟附近小佛洞西壁。并立二佛,头光部分,共刻三环,内环刻莲花,中环刻化佛,外环刻火炎。窟顶天花板处以莲花为中心,在其四周,乃天人飞舞,只是天人姿态有雍容之感。

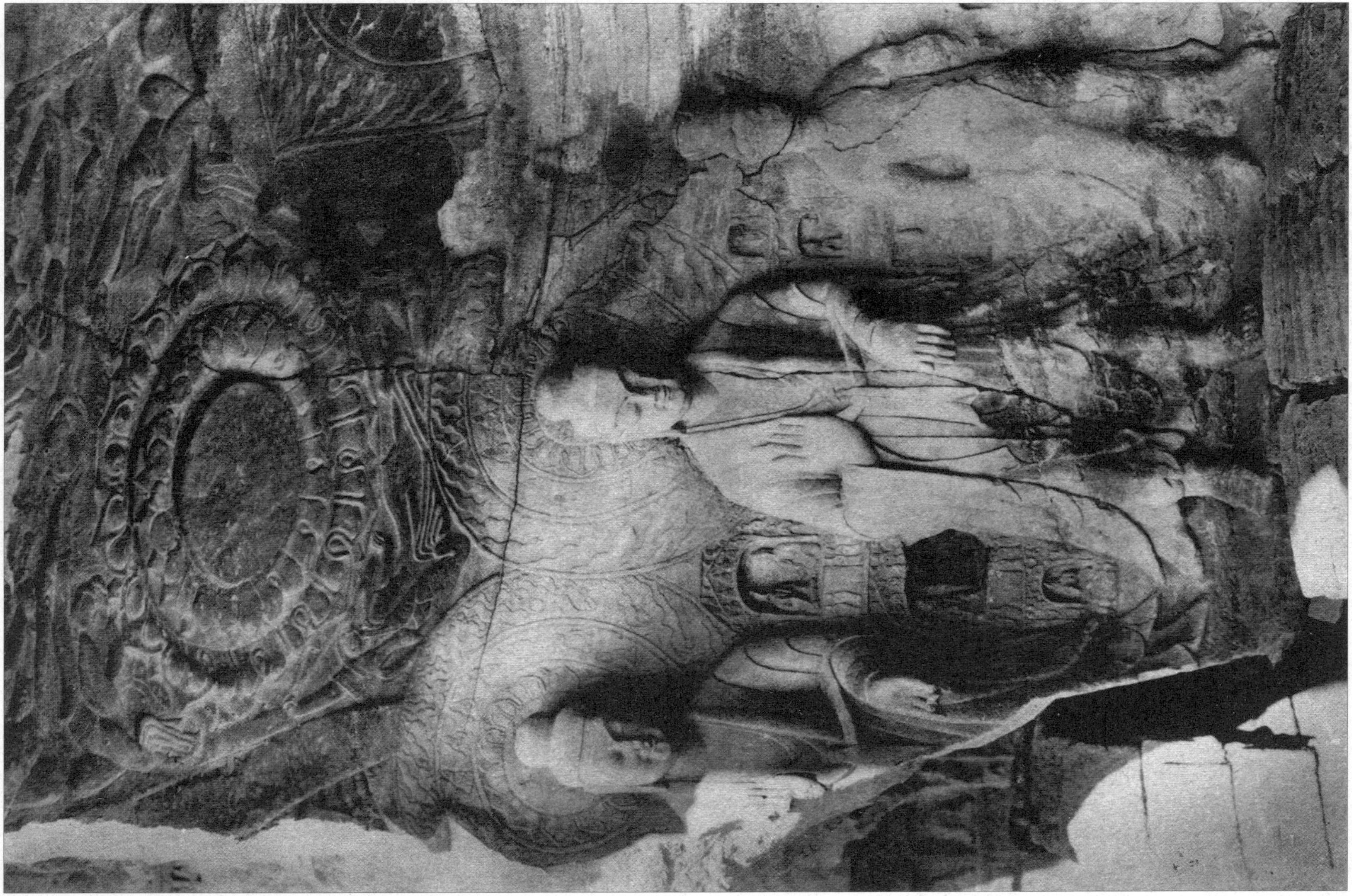

图70-1·A窟·附近小佛洞西壁

图70-2·D窟·附近小佛洞西壁

图70-2为D窟附近小佛洞西壁，佛龛刻有蟠龙腾云，半圆拱上雕有化佛，上方莲花拱则雕列小佛。小佛身被佛光，俱持花鬘供养本尊佛陀。其他壁面，刻有菩萨，双手合十，各身被佛光。窟顶天花板雕藻井状，藻井中刻有莲花、天人、蟠龙。此处所见天人，却显身态滞重，与佛陀、菩萨二者相比，明显可知天人尚是彼岸未登，犹在迷途之中，正果未成。

图71-1·D窟·西壁上方佛龛

　　图71-1为D窟西壁上部佛龛。龛中坐佛，面容温静详和，施无畏、与愿印相，衣衾覆座。披遮佛龛幕帐现出三个鬼面。佛面、衣衾、鬼面、幕帐，虽说雕刻手法甚是简洁，却不失雄劲有力。

　　图71-2为D窟洞内壁面，以袴腰拱状佛龛中所供跏趺坐像为中心，左、右两边，乃半跏菩萨像侍护在旁。就菩萨身姿看，不好断定是如意轮观音还是弥勒菩萨，犹如日本中宫寺菩萨一般。此即中国中宫寺菩萨之滥觞，故以其像代作观音亦无不可。

图 72-1·F 窟·西北壁

图 72-1 为 F 窟西北壁。此处佛像颜容，均或多或少遭到损毁，致美色大减。佛龛刻有飞天。龛中所纳佛陀立像，伸开右手，状似递物与谁。在其下面，或站，或立，或折膝，或平身者有之，此乃饿鬼之辈是也，构图堪称新奇。

图 72-2 · G 窟 · 窟内

　　图72-2为G窟内部，大半拱壁，皆刻满莲花。有一佛龛，供奉坐佛。佛龛之上，刻有飞天。佛龛与穹顶之间，刻双层小龛。而在此双层小龛与天人之间，则幕帐垂披。整个莲花拱头处刻有七尊小坐佛，其上有花鬘从环孔垂下，垂于七尊小坐佛头顶之上，花鬘端部雕有蟠龙。佛龛外，壁面刻有一边一尊、一边二尊，共三尊菩萨侍像，还刻有诸多小菩萨立像及坐像，俱为双掌合十状。此石窟中所刻飞天，与前面图70-1、图70-2所见飞天相比，更显轻盈曼妙、精巧别致。从环孔垂下的花鬘，也比前图中小佛手持花鬘更显造型构思与雕饰技法之妙。（常盘大定 文）

第22窟 ｜ 塔洞

第22窟，其平面格局呈方形，东西长28尺8寸5分，南北长20尺3寸5分。窟内中央，造一佛塔，底座边长6尺6寸，共5层。佛塔原本被置坛上，但塔坛于今已毁损殆尽。佛塔每一层都刻有五个佛龛，随着塔身向上，佛龛面积大小依次递减，以保持佛塔本身稳定。佛塔有蟆股、三斗、方形柱，还有一方斗室及圆垂（隅扇垂）建筑结构。此外，还有飞檐，且瓦葺其上，当时的木造建筑形式由此可窥豹一斑。每一塔层，梁柱间俱刻佛龛，梁柱或作莲花拱，或作袴腰拱。佛龛内均纳佛像，蔚为壮观。佛像或坐相，或椅相，或结跏趺坐相。佛龛十之八九只奉一尊佛像，但亦不乏二佛并坐像者，表明其与《法华经》确有某种联系。

塔洞入口设在正面，其余四壁俱刻千体佛，唯有南壁多为小佛龛。窟顶天花板部分，但见佛塔周围，布局简约，形为天花格井。格井内雕有三面四臂天部像、莲花、蟠龙等，颇显古朴之风。塔洞入口上方为莲花拱，拱轮内，可见忍冬纹饰浮雕，线条遒劲、流畅。（关野贞 文）

图73-1·第22窟·塔洞·窟前正面

云冈石窟第二十二窟平面图

图73-2·第22窟·塔洞·窟内塔婆

图 74 · 第 22 窟 · 塔洞 · 顶部天花西侧

图 75-1 · 第 22 窟 · 塔洞 · 入口拱腹东侧

图 75-2 · 第 22 窟 · 塔洞以西的小窟

图 76-1・石佛寺东堂・正面

图76-2・石佛寺・告示

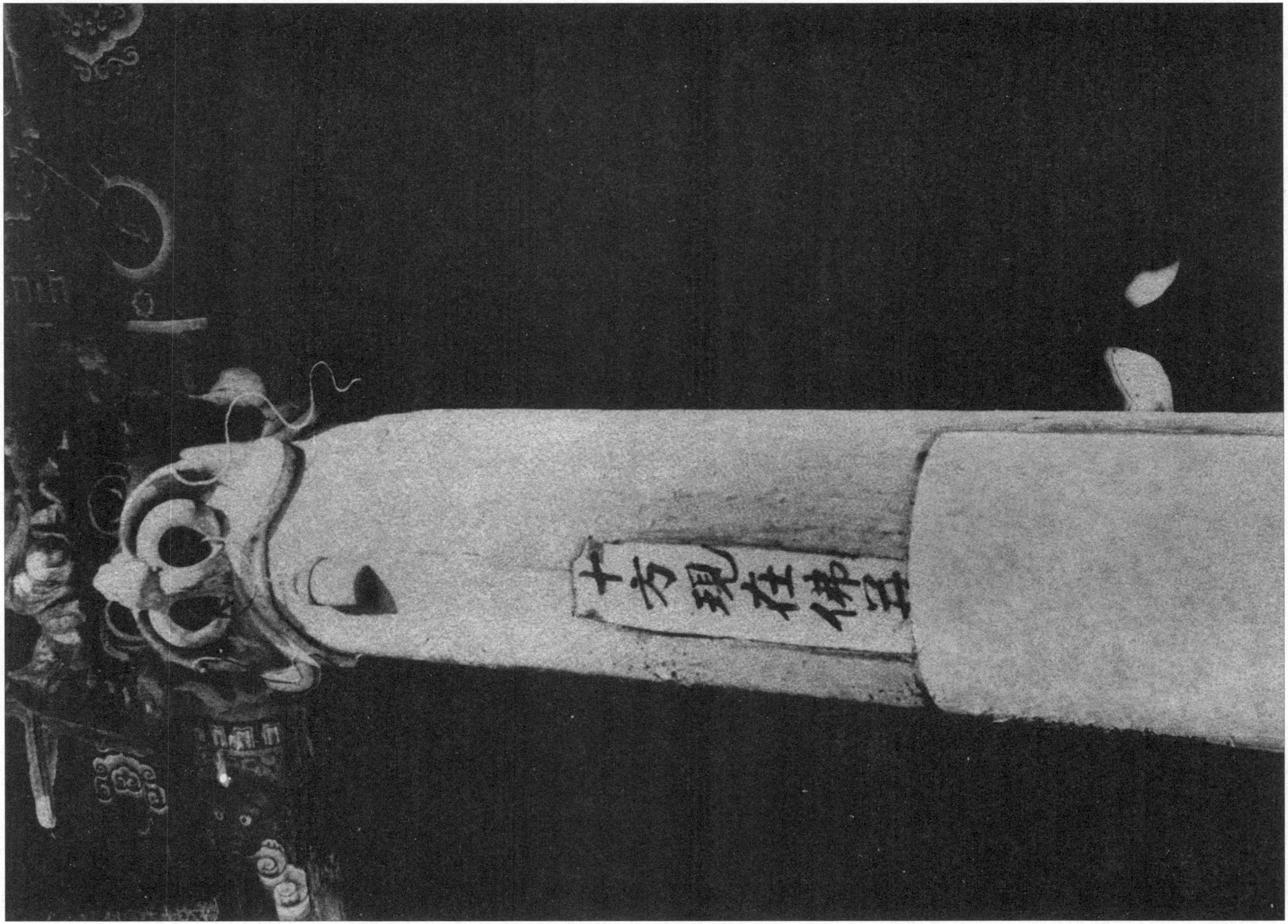

山西大同 | DATONG CITY OF SHANXI PROVINCE

YUNGANG GROTTOES OF SHANXI PROVINCE | 山西云冈
DATONG CITY OF SHANXI PROVINCE | 山西大同
WUTAI MOUNTAIN OF SHANXI PROVINCE | 山西五台山
LONGSHAN MOUNTAIN OF SHANXI PROVINCE | 山西龙山

上华严寺

上华严寺位于山西省大同县城西门内,坐向朝东。大门在寺院正面,进门后,南、北两边,分别是云水堂与念佛堂两相对望。寺院正中,立一关帝庙,(图78-2)关帝庙坐向略微偏西。在其南、北两边,是知客堂与禅堂坐对相看。祖堂与库房,接于其后,亦是南北对峙。凡此建筑,均为重层式楼阁。在西面,各有一小房。再往后,则见一台阶,计22级。拾阶而上,便至月台。正面为三开间木坊以及左、右经幢,中央置一铁香炉。在其左、右南北向,钟楼与鼓楼两相对望。月台背后为大雄宝殿,恢宏壮观,庄严矗立于台基之上。明成化元年(1465)的《重修大华严寺感应碑记》称华严寺肇自李唐,大金时期加于修葺,至元末屡经兵燹,唯正殿独存。但明万历九年(1581)的《上华严寺重修碑记》却称唐时尉迟敬德一度增修,辽金之代,几无补葺。又,《大同府志》载:

清宁八年,辽道宗巡视西京,遂建华严寺,奉安诸帝石像、铜像。

佛殿屹立于高台之上,规模极尽宏伟壮观。察其建筑,格调颇显古朴。《大同府志》还记载上华严寺薄伽教藏建筑年代,将其确定为辽代重熙七年(1038),因此,可见此大雄宝殿乃是先于上华严寺建造。辽代清宁八年(1062),想来就是诸帝石像、铜像奉安之年。若果真如此,此大雄宝殿即为距今888年前的古建筑遗作,和藤原赖通建造平等院凤凰堂几乎同年代。其次,还可以说,此上华严寺薄伽教藏与下华岩寺薄伽教藏,二者俱系中国现存最早木造建筑。此大雄宝殿为九开间四面单层大建筑,正面辟有三门,周围墙壁均砖砌而成。其柱头,所谓无粽,即台轮、头贯之端部,皆垂直平切,为典型古代建筑风格。观其斗拱,前进后出。更有梁柱升起,出

上华严寺大雄宝殿平面图

图77-1所示为斗拱与回廊结构。图77-2为殿内中央本尊佛像以及左、右两边侍佛。其台座平面所见乃四出星形,还有见于其背光顶部金翅大鸟扑捉小龙女之雕刻。一望可知,此系受喇嘛教佛画艺术风格影响。(关野贞 文)(图77-1、图77-2为关野贞于日本大正七年五月所拍照片;图78-1、图78-2为塚本靖氏于日本明治三十九年所拍照片。)

檐深远，深五作双抄，四隅为扇垂木，地垂木断面为圆，而飞檐垂木断面则为方。屋顶为歇山式，葺瓦其上，内殿里边三面，进深七间，一小院落与内殿相通，遂成外殿。内殿采用"减柱法"，使外廊柱体略向里推，从而扩大前部空间面积。顶部天花，内殿部分呈格井状，外殿部分则施彩绘，是由于外殿的天花格井系后世再造。大殿中央，供有毗卢遮那佛。左、右侧则列坐阿閦、成就、弥陀、宝生四佛。佛像造型，以及台座背光等，雕塑手法颇显喇嘛教风格。据明成化元年（1465）重修碑文载，明宣德二年（1427），造中央三佛；宣德四年（1429），造左、右二佛，并新换外殿前天花格井。内殿左、右两边，供奉各天部神像十尊，地面铺以方砖。四面墙壁，除了入口，其余俱绘佛画。据闻，此画绘于清光绪年间，若以绘画技法之巧拙论之，实属上乘佳作。建筑物整体内外施以彩绘，雄伟壮观、肃穆庄严。

图 77-1·上华严寺·佛殿细部

图 77-2 · 上华严寺 · 佛殿内部

图78-1·上华严寺·大雄宝殿

图78-2·上华严寺·关帝庙

下华严寺

下华严寺位于上华严寺东南侧，地势较低，旧时将上华严寺与下华严寺合称为大华严寺。下华严寺正殿为薄伽教藏，现今，寺观整体已经是荒芜久矣。日本大正七年（1918），笔者前往探访，当时下华严寺充作兵营，笔者后于日本昭和六年（1931）六月又再到此地考察。

论坐向，下华严寺朝东方向。寺院前面先是正门，进了正门，可见一圆形池塘，再进去，即是天王殿。天王殿进深三间，人字形屋顶，建于明初，于今，天王殿有一部分已成一所小学校。过了天王殿殿后二道门，南面净业堂，北面知客堂，南北对望。客堂后面是一关帝庙，关帝庙后面则是一月台，高十二三尺，有石阶15级。拾阶而上，月台上有一小门，左、右两边，各有六角形钟阁和碑阁，二阁对峙互望。一鼎香炉置于月台后侧中央，寺院正殿——薄伽教藏，则与月台西面相接。与薄伽教藏比邻者，北面是"圣会处"，南面是"梭布社"，系进深三间的小堂宇，人字形屋顶。这二堂宇相互对看，俱属近代建筑。还有一海会殿，坐向朝南，其位置相当于月台正面北边。下华严寺现存建筑，如上所记。

《大同府志》援引金代天眷三年（1140）《下华严寺重修碑文》，称下华严寺为辽重熙七年（1038）建。保大间，毁于兵火，唯斋堂、厨库、宝塔、经藏、泊守司徒大师影堂存焉，而后，元代至元间，寺僧慧明重修；明洪武三年（1370），改大殿为大有仓；洪武二十四年（1391），即教藏，置僧纲司，复建寺；崇祯四年（1631）毁，崇祯五年（1632），督饷户部周维新、巡抚张廷拱、总兵杨茂春重修，借此可知下华严寺历史沿革之大概。据闻，下华严寺后又于清雍正六年（1728）、乾隆八年（1743）、道光七年（1827）几度重修。在下华严寺薄伽教藏内，有一石碑，系立于金代大定二年（1162）五月，碑上刻有"大金国西京大华严寺重修薄伽教藏记"。（图81-1）碑文中述及藏经之事，称今此大华严寺，自古以来，亦有教典，至保大末年，伏遇本朝大开正统，天兵一鼓，都城四陷，殿阁楼观，倾俄成灰，唯斋堂、厨库、宝塔、经藏、泊守司徒大师影堂存焉。《大同府志》所记即是援引此碑，碑文记大华严寺自古以来就有教典，但是，并无《大同府志》所述辽重熙七年（1038）建寺之记载，仅是证实在辽代重熙年间已有教典之事实。《大同府志》所记，究竟是对《大金国西京大华严寺重修薄伽教藏记》碑文自作理解，或是另有他据，笔者不得而知。而且，据《大金国西京大华严寺重修薄伽教藏记》重修碑文记载，可以确定上述经藏辽代时就已存在，并在辽末保大年间幸免于兵燹。就下华严寺建筑形制及建筑技法看，认其为辽代建筑，亦无不妥。于是，笔者在日本大正七年（1918）对下华严寺进行现场考察时，姑且将其最早建造时间，依《大同府志》所载，定为辽重熙七年（1038）。到日本昭和六年（1931）再次进行现场考察时，不经意间在寺里天花板处梁下，发现有以墨笔书写之年号。在南面屋梁下，墨字

记曰：

维重熙七年岁次戊寅九月甲午朔十五日戊申午时建

北面屋梁下还留有"云弘德、杨久玄"字样，可能是捐建者姓名。如此看来，下华严寺确实是距今888年前所建庙观。在笔者调查的范围内下华严寺可能是中国现存最古老的木结构建筑。《大金国西京大华严寺重修薄伽教藏记》重修碑文还称，金代省学、可是等人，费尽心血，使藏经完善。

薄伽经藏，结构为面宽五间、进深四间的单层歇山式建筑。内殿面宽三间、进深二间，中央供奉释迦牟尼像。殿内左、右两边，分别供奉药师佛像与弥陀佛像。在其前面，还侍立诸多佛菩萨像。斗拱前进后出，深五作双抄。檐柱升起，并于端部斜切，柱上斗拱之间再加副拱，可谓是发木结构楔嵌建筑式样之先河。至于轩前双垂木、四隅扇垂木等建筑式样，则与前面所述上华严寺相同。大殿内，包括庑殿部分，天花板俱呈藻井状，并奉诸佛陀于其上。在其最高处，系一呈八角状藻井结构。庑殿部分，东、西、南三面，以及正面左、右两端之间，有一重楼式雕木藏经阁，内藏经典。

在薄伽经藏西北面有一海会寺，昔时亦算是下华严寺一部分。海会寺正殿，供奉观音像，结构为面宽五间、进深三间单层殿堂建筑，并运用三斗、亚麻组、二轩等构筑手法。观其形制，亦属辽代建筑。（关野贞 文）

图 79-2 · 下华严寺 · 薄伽教藏 · 细部

下华严寺教藏内　三尊佛

　　下华严寺薄伽教藏大殿内佛坛之上，在其中央以及左、右两边，皆有释迦牟尼佛、药师佛、阿弥陀佛盘坐莲台之造像。此三尊佛俱为二罗汉、二菩萨所侍护。佛坛两端，有两大菩萨坐像两相对视。大殿四个角落，立有四天王像。并且，在三尊佛前，还有坐佛像，以及若干小菩萨像。只是，俱为后世所造。

　　三尊佛俱高9尺许，二罗汉、二菩萨各高8尺许。除三尊佛前面小佛像及菩萨像，余者俱被推定为与薄伽教藏同一时代，即辽代所出。此三尊佛，法相庄严，面容丰润，造像中见有火炎和回旋纹，让人联想到日本藤原时代的佛陀造像。三尊佛背后都有佛光，莲座的莲花瓣上，均描有佛陀泥金小像。菩萨坐像，对坐于佛坛两端，俱头著宝冠，胸饰璎珞，宝相庄严，衣纹雕刻手法颇为写实。各尊侍奉菩萨立像，亦均有宝珠形背光，其身姿、容颜、衣纹、背光的样式和制造技巧，一并与前述佛陀、菩萨相同，因此，可确定为俱出自同一时期。总之，凡此佛陀、菩萨造像，就其式样样看，俱属与下华严寺建筑同龄，不仅是辽代雕塑艺术杰作，而且后世修补痕迹亦少，形象保存完好，不可谓不是一大奇迹。此亦属下华严寺一大看点。（关野贞 文）

图 80-1·下华严寺·薄伽教藏内·释迦摩尼佛像

图80-2·下华严寺·薄伽教藏内·药师佛像

晚清民国时期中国名胜古迹图集·第壹卷·山西大同

图 80-3·下华严寺·薄伽教藏内·阿弥陀佛像

薄伽教藏内 四天王
海会殿内 金刚力士

四天王立于薄伽教藏内四角落，呈护卫状。此四天王可推定为与三尊佛以及三尊佛的侍奉者二菩萨、二罗汉，还有对坐于佛坛两端大菩萨像一样，俱与薄伽教藏同龄，属辽代雕塑。海会殿，结构为面宽五间、进深三间的单层歇山式大建筑。海会殿入口开在大殿正面中间，左右两间砌为壁面，有开窗。斗拱系前进后出，然迥异于通常所见式样，斗拱与斗拱间，更置平三斗，以短木撑之，轩前有二重榱。顶部墙壁采用内部小屋架构的手法，尽露于外，风格极是简劲、雄放。檐上葺瓦，大梁两端，见有蚩吻。殿内面宽三间、进深一间，周围饶以回廊。殿内天花板部分，有后世加构的藻井。殿内置有佛坛，高 2 尺 5 斗许。佛坛中央，供有观音像，观音单膝直立。在其前面左、右两侧，供有诸多佛陀、菩萨，但俱于最近加彩，已不值观赏。日本昭和六年（1931）六月，就见有佛匠在佛堂内对佛像施彩上绘，中有神将一尊，右手执锋，而佛匠则在其左手再添一锋，实属佳作。塑像面貌怪异，骨骼豪健，衣裳雕塑颇显写实之妙，恐系辽、金时代雕塑。如今，经匠人打上底漆，又上彩加绘，当年的精美多已损毁殆尽，实在可惜。（关野贞 文）

图 81-1·下华严寺·金国西京大华严寺重修薄伽教藏记碑

图 81-2 · 下华严寺 · 薄伽教藏内 · 四天王

图79照片于日本大正七年（1918）五月由关野贞拍摄；图80-1、图80-2、图80-3、图81-1、图81-2、图81-3俱于日本昭和六年（1931）六月同样由关野贞拍摄。

图81-3·下华严寺·海会殿内·金刚力士

晚清民国时期中国名胜古迹图集·第壹卷·山西大同

下华严寺薄伽教藏平面图

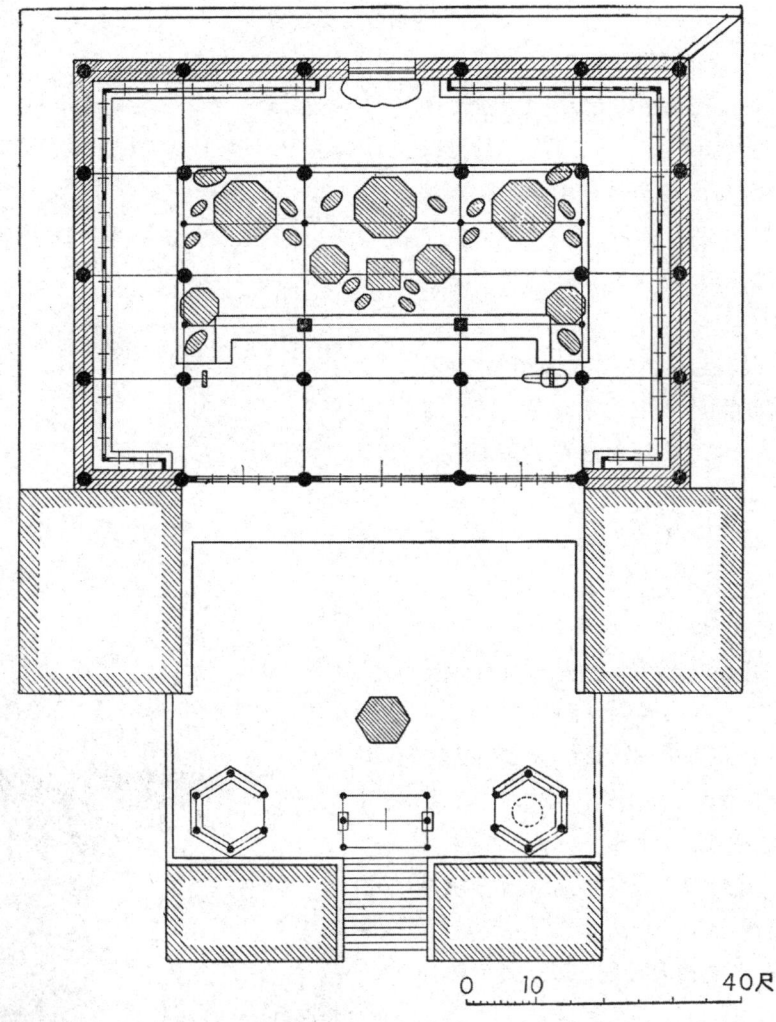

下华严寺海会殿平面图

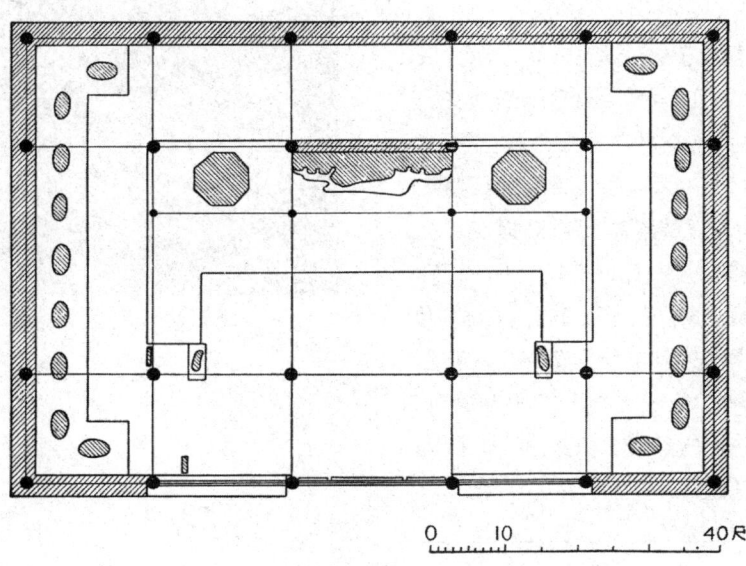

普恩寺

普恩寺，即唐代开元寺。不管就占地面积而言，还是就其规模而言，普恩寺都比华严寺更为大气、更显壮观。可惜，与下华严寺一样，普恩寺亦已荒废，于今正修复中。《山西通志》卷169述山西寺院庙观之中，有关普恩寺，载曰：

  大普恩寺，在大同县东南，唐间建，赐名开元。石晋初，易今名。

还称普恩寺辽末毁，金天会戊申，释圆满重建，宋朱弁撰记。此寺院于明代改名为善化寺，开元寺乃是唐开元二十六年（738）朝廷诏告天下诸郡所建之寺院。《唐会要》卷48载：

  天授元年十月二十九日，两京及天下诸州，各置大云寺一所，至开元二十六年六月一日，并改为开元寺。

是故，开元寺乃武则天所造大云寺之改称。如此看来，普恩寺从大云寺变为开元寺，再从开元寺改成大普恩寺，后又称为善化寺。寺内堂而皇之立一石碑，题曰《大金西京大普恩寺重修大殿记》。碑文载：

  大金西都普恩寺，自古号为大兰若。辽末以来，再罹锋烬，楼阁飞为埃坌，堂殿聚为瓦砾……寺之上首，通玄文慧大师圆满者……经始天会之戊申，落成于皇统癸亥……圆满今年七十有四……

《大金西京大普恩寺重修大殿记》碑文最后部分记曰：

  按寺建于唐，明皇时，与道观皆赐开元之号，而寺独易名，不见其所自……其易今名，当在石晋之初，或唐亡以后，第未究其所易之因耳。

此《大金西京大普恩寺重修大殿记》为江东人氏朱弁所撰。朱弁住普恩寺凡14年，与寺中僧众交往甚广。朱弁撰《大金西京大普恩寺重修大殿记》，时为金代皇统三年（1143）二月丁卯，少中大夫赐紫金鱼袋孔因书，通玄文慧大师赐紫沙门圆满提点。金大定十六年（1176）丙申八月一日，三纲寺主沙门惠躅、尚座行完、都维楼演立石。《山西通志》系据《大金西京大普恩寺重修大殿记》碑文而记普恩寺。普恩寺俗称南寺，其大雄宝殿建筑式样与上华严寺相同，故可确定为辽代建筑。其三圣殿和天王殿，被认为是金代皇统三年（1143）重建。（关野贞 文）

图 82-1 · 普恩寺 · 三圣殿

图 82-1、图 81-2 照片系野贞野摄于日本昭和六年（1931）六月。

图 82-2・普恩寺・鼓楼

山西 五台山 | WUTAI MOUNTAIN OF SHANXI PROVINCE

- YUNGANG GROTTOES OF SHANXI PROVINCE — 山西云冈
- DATONG CITY OF SHANXI PROVINCE — 山西大同
- **WUTAI MOUNTAIN OF SHANXI PROVINCE** — **山西五台山**
- LONGSHAN MOUNTAIN OF SHANXI PROVINCE — 山西龙山

概说

五台山位于山西省五台县东北 120 里处。

关于五台山，唐朝蓝谷沙门慧祥撰有《古清凉传》2 卷，还有成书于宋嘉祐五年（1060）、由清凉山大华严寺坛主妙济大师延一重编的《广清凉传》3 卷，借此可知五台山名胜古迹及其名号之由来。此外，还有唐开成五年（840）巡礼五台山之日本善慧大师所著《入唐求法巡礼行记》，宋熙宁五年（1072）登五台山的日本善慧大师成寻所写的《参天台五台山记》，以及伊东忠太教授于日本明治三十五年（1902）对五台山考察后发表在《建筑杂志》第 189 号、第 235 号的著述，还有小野玄妙氏于日本大正十一年（1922）对五台山进行考察后发表在《佛教学杂志》第 3 卷第 9 号上的文章，此外便是蒋维乔氏于民国八年（1919）出版的《五台山》。参考这些资料，对唐、宋时代五台与现今五台之变迁、沿革，可知其大概。另者，《山西通志》卷 171 "大显通寺" 条下，亦有记述五台山之由来，此记述于五台探幽甚有参考价值。

五台山，又称清凉山。唐代澄观所著《华严经疏》记：

清凉山者，即代州雁门郡五台山也。以岁积坚冰，夏仍飞雪，曾无炎暑，故曰清凉。五峰耸出，顶无林木，有如累土之台，故曰五台。

"五台" 是以其地形地势得名，"清凉" 则是因《华严经》的《诸菩萨住处品》以得名。《华严经》云：

东北方有菩萨住处，名清凉山。过去诸菩萨常于中住，彼现有菩萨，名文殊师利，有一万菩萨眷属，常为说法。

关于这一点，慧祥《古清凉传》记称，今山上有清凉寺，下有五台县、清凉府，此实可为龟鉴矣。

自古以来，山西五台，作为文殊菩萨之道场，与观音菩萨之普陀、普贤菩萨之峨眉齐名。五台山作为天下名山而为世人景仰，其缘由即在此。将五台奉为文殊菩萨本生地，此信仰最早起源于唐朝。如此信仰，不仅仅中国，而且也向西域播散，并延及印度。敦煌千佛洞第 117 窟壁画中有五台山图，裴利奥《敦煌图谱》第四卷（MssionPelliot, Touen-houang, IV）就刊有此图。唐高宗时期，北印度佛陀波利三藏礼拜文殊菩萨，空手远来，遂抵五台。在五台，佛陀波利三藏受一老翁启示，即速返回印度，携梵本《佛顶尊胜陀罗尼》，再入中国，此事迹遂成宣传大乘佛教信仰之美谈。五台山与《华严经》二者的关系，在北魏时期即已见端倪，但直到佛陀波利三藏来到中国以后，才结缘至深。

在佛陀波利三藏来东土 85 年后，即公元 766 年，不空三藏于唐玄宗时期，举全力襄助金阁寺、玉华寺之建造。尤其托付来自中印度那烂陀寺僧人纯陀负寺院建造之全责，以让五台金阁寺、玉华寺成为中国密宗弘传之中心。嗣后，金阁寺建成，不空三藏将其赐与高僧含光，并传衣钵与之，让其入住此寺，统领僧众。至此，密教色彩益加明显，并为后日创建喇嘛教寺打下坚实基础。同时，还有法照禅师自南岳来，因感见祥瑞，为让祥瑞再现，法照禅师新开大圣竹园寺，为念佛道场。此源流亦属佛传一脉，传承至今。

佛陀波利三藏之后约百年，至代宗朝，华严学之大成者澄观于五台山完成《华严经疏》，五台山因之成为华严宗开山圣地，于佛教史上，与南方天台山齐名。

历史上日本留学僧朝拜过五台山者，有唐代宪宗朝兴福寺僧人灵仙（804—822 年在华），又有唐代武宗时期的延历寺僧人圆仁，后来还有宋代神宗朝大云寺僧人成寻等人。如文献所载，《山西通志》卷 171 "寺观" 条下记曰：

次白璧天皇二十四年，遣二僧灵仙、行贺入唐，礼五台山，学佛法。

据此可知日本沙门行贺与灵仙一同入唐。《本朝高僧传》卷 4《行贺传》记：

天平胜宝五年，承敕入唐，学法相、天台二宗，留唐三十一年归，或曰七年。传来经疏一百余卷。

据文献载，灵仙与东大寺僧人明一谈佛论道时，发现佛理方面颇有窒碍之处，后被授大僧都，退小禅房以阅经学法。据《本朝高僧传》卷 4《行贺传》记载可知，灵仙入唐，为日本天平胜宝五年（753）。只是，这一时间是否正确，存在疑问。要解开这一疑问，关键就在《山西通志》的日本国王 "白璧天皇" 一辞。"白璧" 系 "白壁" 之误，"白壁" 乃光仁天皇御讳。光仁天皇于日本宝龟元年（770）至天应元年（781）在位，在位时间 11 年，刚好是中国唐朝大历五年（770）至建中二年（781）这段时间。照此计算，灵仙入唐，则比所谓天平胜宝五年（753）最少要晚 17 年。而且，照此推算，灵仙入唐亦非 "天宝中"。因为若是 "天宝中"，年代则与文献所载灵仙入唐时间不相吻合。据圆仁《入唐求法巡礼》记载，当时（840），大华严寺里，有天台宗学者志远和尚，又有僧贤、文鎏二位座主，共讲《法华经》以及《摩诃观止》。五台山僧众悉修法华三昧，以求得见普贤菩萨。此等情状，令圆仁对五台山大华严寺赞叹不已，并认五台山大华严寺为天台宗之正流。五台山将《法华经》与文殊圣人视为理想之经典与理想之大士，在此地，人们以《法华经》与普贤大士为信仰，以崇拜普贤为自己生命之归依，此亦属一大奇观。盖出于时代与特定人物之影响，五台山不免时而修禅，时而密教，时而念佛，时而华严，时而天台。然而，一个基本事实却是不容置疑，即上下两千年，五台山主调一以贯之，此乃《华严经》与文殊菩萨大士。

《山西通志》卷171 "大显通寺"条下，概述了五台山历史沿革，其文颇为精要。文称，五台山古名大孚灵鹫寺，汉明帝永明十一年（493）间建，此时，度僧数十居之；后魏，名善住寺，孝文帝重建，环山复置12院，因前有杂花园，亦名花园寺；北齐时，建寺200余所，割8州之税充香火；隋开皇十三年（593），遣使至清凉设斋，上自书疏；唐太宗复加修建，贞观二年（628）诏修斋7日，九年（635）十一月诏曰："五台山者，文殊閟宅，万圣幽楼，境系太原，实我祖宗植德之所，切宜祗畏。"是年，建十刹，度僧数百；显庆元年（656），敕五台山为道场之地，得税敛；则天朝，因新译《华严经》载于此山，改为大华严寺；天宝中，日本国王白璧天皇，遣二僧灵仙、行贺礼五台山，学佛法；后，开成、会昌中，仁明天皇遣僧（慧觉大师）入礼五台山；乾元二年（759），敕建五台山寺一区，选高行沙门主之；贞元中，清凉澄观法师造《华严》疏钞，贞元丙子，天竺乌荼国王遣使赍奇香旌旆，往礼五顶，疏云"南天竺乌荼国深信最胜善逝法者、修行最胜大乘行者、吉祥自在师子王稽首和南于大支那国五顶山中曼殊室利摩诃菩提萨埵足下"，唐释智颙栖此；宋雍熙元年（984），日本僧奝然浮海至，献职贡，求诣五台，许之，过续所食，又求印本藏经，诏给之；景德四年（1007）夏，王德明请修供五台山十寺，上以阁门祗侯袁瑀为致祭使，护送所供之物至山；宝庆元年（1225），元昊表使五台山，使供佛宝，宋释和希栖此；元至元二年（1265），敕印经一藏，送台山善住院，十二佛刹，皆以修葺；二十四年（1287），命西僧监藏宛卜思哥等于五台山等寺作佛事；元贞元年（1295），建佛事于五台山，以大都、保定、正定、平阳、太原、大同、河间、大名、顺德、广平十路应其所需；二年，佛寺成；二年、至大元年（1308），于五台建佛阁，又于五台造寺，摘军6500人供其役；二年，皇太后幸五台，故起扈从军300人事从，高丽王从之；至顺元年（1330），遣使作佛事，元释佛日栖此；明成祖特于灵鹫华严、宝积寺旧基重建，改大显通寺，赐额"庄严"；永乐壬午秋，迎西域葛哩麻尊者，遣使送至大显通寺，敕太监杨升修寺，戊子入灭，敕杨升塑像显通法堂；三年（1332），增设僧纲司；庚寅，颁赐御制佛名曲经；十二年（1341），西僧释迦也失至显通寺，召入，又归台山，宣德六年（1431），辞归西域；（按，所载二僧荣遇，因年月多舛，故略加节录。）天顺二年（1458）夏，敕谕护持显通寺；成化七年（1471）夏，敕谕都纲司；万历十二年（1584），遣太监高勋、王忠诣山饭僧；十三年，敕造大藏经，颁赐二藏；国朝圣祖仁皇帝，发帑金重修，有御制碑记；康熙二十六年（1687）十二月，各寺修建。上祝太皇太后延寿无疆，道场御书匾额曰"甘露津""绀园"。

以上系《山西通志》所载。说"大华严寺"之称乃是因为唐译《华严经》记载此山而得名，这与前面慧祥所述因澄观法师于此撰《华严经疏》而得名一说迥异，并且，《山西通志》所记"大显通寺"称该寺号始于明成祖年间，也与前述始于清太宗时期一说相左。以上两点，或许《山西通志》所载更为准确。《山西通志》所载见有日本僧人灵仙、行贺、奝然等人姓名，令笔者大为欣喜，然而，对朝礼五台之日本僧人慈觉大师却未记其名而仅以"僧"称之，以及成寻大师之名亦未见载其中，多少有点遗憾。但是，称行贺为灵仙同行者，二者同来巡礼五台山，此事则是先前闻所未闻，此记载亦令灵仙三藏事迹更为清晰。就此而言，在有关灵仙三藏行迹的史料方面，《山西通志》记载可谓更进一步。《山西通志》将灵仙三藏巡礼五台山时间定在"天宝中"，又说是白璧（壁）天皇时代。"天宝中"与"白璧（壁）天皇"时期，二者年代不相吻合，看来只能二者取一。依愚见，应弃"天宝中"而选"白璧（壁）天皇"时期，毕竟后者凭信更多。若是如此，则应将"天宝中"改为"大历中"。

关于五台山封域，唐代澄观《华严疏》有记，曰：

此山磅礴数州，绵五百里。左邻恒岳，隐嶙参天。右控洪河，萦廻带地。北临朔野，限雄镇之关防。南拥汾阳，作神州之势胜。

同样，唐代慧祥《古清凉传》亦载：

代州之所管，山顶至州城，东南一百余里。其山左邻恒岳，右接天池，南属五台县，北至繁峙县。环基所至，五百余里。

关于五台，《广清凉传》引《海东文殊传》称：

> 五台即是五方如来之座也。亦像菩萨顶有五髻。

宋代的延一据《金刚顶经》，将五台、五方如来、五髻，搭配如下：

阿字 —— 无生门 —— 大圆镜智 —— 东方阿閦如来 —— 东髻
啰字 —— 无垢门 —— 平等性智 —— 南方保生如来 —— 南髻
跛字 —— 无第一义谛门 —— 妙观察智 —— 西方无量寿如来 —— 西髻
左字 —— 诸法无相门 —— 成所作智 —— 北方不空成就如来 —— 北髻
娜字 —— 诸法无相门离语言文字门 —— 清净法界 —— 中央毗卢遮那如来 —— 中髻

澄观《华严疏》广说文殊五髻，曰：

> 表我大圣，五智已周，五眼已静，总五部之真原。故首戴五佛之冠，顶分五方之髻，运五乘之要，清五浊之灾矣。

五台山顶五峰，加上如此这般构饰之后，愈增神秘色彩。盖文殊菩萨信仰因得此山为其弘传之灵山圣地，而此山也因文殊菩萨信仰而更显意蕴深长。

五台山亦随时代变化而变迁。唐代慧祥在其所撰《古清凉传》中记"中台高四十里、东台高三十八里、西台高三十五里、南台高三十七里、北台高三十八里"，如此记载，已与今日之五台不符。今日五台，倒是与宋代延一《广清凉传》记述相吻合。延一《广清凉传》记曰：

> 据古图所载，今北台，即古中台，中台即南台，大黄尖即北台，栲栳山是西台，漫天石是东台。

延一《广清凉传》又道：

> 唯古之中台，即今之北台。古之南台，即今之中台。余皆定矣。

由此可知，慧祥《古清凉传》中所记中台，即当今北台。今日中台，当时则被称作南台。盖古之北台，已失其地位，是以新设南台。

中台——唐《古清凉传》所记南台，即相当于今日中台。慧祥《古清凉传》称：

> 高三十七里，顶上地平，周回二里，无水。北去太华泉八十里。南有溪水，源出此山。发源东南乱流，入东溪水。其山正南，延六十里，连五台县界。

宋《广清凉传》记其顶上有太华池，方圆2里，还称隋文帝开皇十一年（591）敕忻州刺史崔震，于顶上设斋立碑。至于古十寺者，则举大孚灵鹫寺、王子寺、清凉寺、石窟寺、佛光寺等。而所谓"今益唐来寺六"，则举竹林寺、金阁寺、玉华寺等。

北台——今日北台，相当于唐《古清凉传》之中台。关于北台，慧祥《古清凉传》记曰：

> 高四十里，顶上地平，周回六里零二百步。稍近西北，有太华泉，周回三十八步。水深一尺四寸……其水清澈凝映，未尝减竭……台顶四畔，各二里，绝无树木，唯有细草靃靡存焉……郦道元《水经注》云："东峨谷水源出中台，其水众溪竞发，控于群川，乱流西南，经西台之山，历东峨谷。谓之东峨谷……"

宋《广清凉传》言其"顶上有天井，下有龙宫，相连白水池，与金刚窟亦相通彻"，并称其"古有八寺"，列有木瓜寺、普济寺等寺院名。又言"今益寺二"，所列寺名为宝山寺、太平兴国寺。

东台——关于东台，唐《古清凉传》记曰：

> 高三十八里，顶上地平，周回三里。去中台太华泉，四十二里……顶上无水……小柏谷水，出此台下，北注滹沱。其山东南，延四十里，连入恒州行唐县界……西北延十三里，连入繁峙县界大柏谷。

若与《括地志》记载相对比，则发现所记诸台高度、远近里数多有不相吻合之处。究其原因，或是各自取道不同，或是各称台名有异，现在姑且取一家之言。

宋《广清凉传》记其"旧名雪峰山，麓有研（或是"研"字）伽罗山"。"古寺十五"中举有古华严寺，并记"今益寺三"。此外，在"灵迹十一"中，则举有明月池、那罗延窟。

西台——关于西台，唐《古清凉传》记曰：

> 高三十五里。顶上地平，周回二里。有水，东去太华泉四里。其山西北，延二十里，入繁峙县界西峨谷。

宋《广清凉传》记曰：

> 与秘魔岩相连，危磴干云，乔林拂日，分空绝壁，接汉层峦。

并列"古寺十二""今益寺四"等寺名。在"灵迹一十五"中举有"王子烧身塔"之名。"古寺"中则见有铁勒寺。

南台——唐《古清凉传》未记，宋《广清凉传》记：

> 孤绝，距诸台差远，林麓蓊郁，岩崖倾敧，最为幽寂。昔有僧明禅师，居此三十余载，亦遇神仙，飞空而去……三十里内，悉是名花，遍生峰岫，俗号仙花山。

并列"古寺九"之诸寺名。在"今益寺三"中，《广清凉传》举灵境寺、法华寺名。

唐《古清凉传》载称，北齐高氏，割八州税，以供

图 83 · 五台山 · 东南方向远眺

山众衣药之资,当时山中伽蓝数过二百。宋《广清凉传》援引《灵迹记》记载,称古时有寺一百一十座,北齐割数州租税,以充供养,并称:

粤自后周已来,亟遭废毁,甄台寂寞……宝塔摧颓……俄钟隋季,海内分崩……兵火延及,荡焉靡遗,大率伽蓝多从煨烬,名额既泯,基址徒存,其堪住持者,六十七所,余皆湮没焉。

据称,现今五台山内有寺六十四座,山外有寺三十六座,合计一百座。而五台山丛林大刹,俱在中台,从梵仙山可鸟瞰五台全景。(图85)

五台山僧人,分有黄衣、青衣两种。青衣僧人即普通沙门,黄衣僧人则系喇嘛僧人。黄衣、青衣,各属十大寺院。青衣僧所属十大寺院为显通、塔院、圆照、广宗、殊像、碧山、南山、凤林、金阁、灵境;黄衣僧所属十大刹则为菩萨顶、玉花池、金刚窟、镇海、罗睺、普安、三泉、七佛、寿宁、台麓。青衣僧,由各寺公举长老处理公务;黄衣僧,则由西藏达赖喇嘛每六年轮派一名札萨克前来统理。一直以来,蒙古大公,每岁皆来朝山,布施甚多。然民国以后,关外道途不安,故来者较少。但五台山香火兴旺依旧,中国国内僧、俗二众,于夏季朝山,络绎不绝。《佛祖统记》卷43载:

太平兴国五年正月,敕内侍张廷训,往代州五台山造金铜文殊万菩萨像,奉安于真容院,诏修五台十寺,以沙门芳润为十寺僧正。

而十寺者,即真容寺、华严寺、寿宁寺、兴国寺、林寺、金阁寺、法严寺、秘密寺、灵境寺、大贤寺。相比现在青衣、黄衣各十寺,《佛祖统记》卷43所载,仅有五寺寺名相同。由此,亦可窥豹五台历史之沿革。

有两条交通线可前往五台山。若从北京出发,一是走京汉铁路线,在定州车站下车,而后陆行,经曲阳县、南口村、长寿庄、阜平县、龙泉关、长城岭,遂抵台麓寺,再从五台山东南面登山。(图83)二是亦走京汉铁路线,从石家庄经正太铁路在太原下车,再从陆路北上,经黄土砦、石岭关、忻县、定襄县、五台县东冶镇、五台县豆村、柳院村,遂抵台怀镇,从五台山西南面登山。(常盘大定 文)

图 85 · 台中全景

明月池

　　《广清凉传》载，在五台山东台的南足南岭上，有观海寺，观海寺内有明月池，方圆1里，水深8尺，无论晦朔，俱现月影于池中，故有是称。

　　明月池畔有砖塔，六角十三层，名"令公塔"。令公塔底层、第二层，以及最上层，均以斗拱承之。底层和最上层，进深二间，以瓦葺檐。第二层，进深一间，但无瓦葺。其他各层，唯作刳形而已。最上层冠以宝顶。此塔形制独特，却因过于怪异离奇而不被称道。若论独树一帜，确实无与类比。（关野贞 文）

图 84-1 · 明月池附近 · 六角十三层砖塔

极乐寺（南山寺）

相传极乐寺为唐朝所建，但是，极乐寺之名，《古清凉传》和《广清凉传》均无记载，或为宋代以后建造。极乐寺中庭立有喇嘛塔，以此塔为中心，北有天王殿，题"性空门"，南有南楼，东有大雄宝殿，西有西楼，此楼于今权充客堂。

喇嘛塔规模不大，塔身矗立于双层基座之上。塔身四面雕有石狮，相轮宝盖，瓦葺其上，并悬以宝铎，此塔值得一看。（常盘大定 文）

图 84-2 · 极乐寺（南山寺）石塔

大塔院寺

大塔院寺位于灵鹫峰下，与大显通寺相邻，位于大显通寺之南。《山西通志》卷171载，大塔院寺即大宝塔寺，位于显通南五峰中，以寺内有佛舍利大塔而得名。塔高27丈，周围25丈。佛塔矗立于双层塔基底座之上，塔身形制为喇嘛教塔。

除了塔基底座明显高出地面，并呈双拱出星状外，塔身并无其他刻意雕饰之处。塔身相形见小，相轮则大得异常，上戴大宝盖，顶冠小宝塔，此乃佛舍利大塔建筑之特色。整体上看，多少有比例失衡之嫌，但不失简练、雄劲之风，且不以小巧哗众取宠，更显其风姿绰约，蔚为壮观。

塔基底座四周，置铜转轮，以喻大转法轮。蒙满佛教徒，前来朝山之时，口中念念有词，低诵经文，绕塔抚轮转动之。（关野贞 常盘大定 文）

图87为日本明治三十五年（1902）六月，工学博士伊东忠太教授所拍照片。图86为最近所拍，从照片上可以看出，近年来，佛塔进行了全面整修。拍照时，佛塔尚处修缮中。

唐代大华严寺（即今日显通寺）有十二院，涅槃院、菩萨堂院、阁院、善住阁院俱属当时的十二院。阁院前面有阿育王塔，慈觉大师《入唐求法巡礼行记》卷3载：

阁前有塔，二层八角，庄严珠丽，底下安置阿育王塔，埋入地下，不许人见，是阿育王所造八万四千塔之一数也。（东洋文库所刊行玻璃版本将"庄严"记为"挂校"）

明永乐五年（1407），上敕重修此塔。万历七年（1579），再建此塔，至万历十年（1582）七月竣工，是为今日之大塔。唐慧祥《古清凉传》，将阿育王古塔置于大孚寺以北四里，曰：

大孚寺北四里，有王子烧身寺。其处，先有育王古塔。至北齐初年，第三王子，于此求文殊师利，竟不得见，乃于塔前，烧身供养，因此置寺焉。

照唐代慧祥《古清凉传》所记，似当时大塔院寺未有阿育王古塔，但慈觉大师《入唐求法巡礼行记》却道明阿育王塔埋在旧称阁院前面地下。因此，自六朝以来，迄至今日，阿育王塔存世已无质疑之必要。

慧祥在叙述王子烧身寺之后，还记载王子之阇竖刘谦之，自慨刑余之身，又感于王子至诚烧身，遂奏乞入山修道，于此处转诵《华严经》行道，获冥应，得见文殊师利，还复根形，因大彻大悟，著《华严论》六百卷。《古清凉传》又记，在这之前，北魏熙平元年（516），悬瓮山灵辩幸获《华严经》，勇猛行道，勤诚至是足破血流，同晓兹典，著《华严论》一百卷。据《入唐求法巡礼行记》记载，日本慈觉大师于唐开成五年（840）巡礼五台山时，自华严寺向西，上行七里许，见王子寺，但《入唐求法巡礼行记》却无有关王子寺具体记述，想来慈觉大师所见不过是王子寺遗址而已。宋《广清凉传》有关王子寺之述记，可谓是言之凿凿，但是，此王子寺究竟于何时遭受毁损湮灭，至今无法探究。《山西通志》记称，古名王子寺，以寿宁寺之名揭之，宋景德初改名，成宗、英宗先后驻跸，至治二年（1322）幸五台山，至王子寺，命右丞相巴思重葺，清代圣祖赐御书匾额。又称，据考，齐文宣王第三子，即范阳王绍义，周时卒于蜀中，并无王子焚身之事，然绍义不屈周，尝举兵从马邑至新兴，故五台或是其行经之地，致是触景生情而哀之，故有是说。如此说来，今日大塔院寺，乃全然有别于大显通寺，即在唐代时，大塔院寺无非是大华严寺一处别院而已。（常盘大定 文）

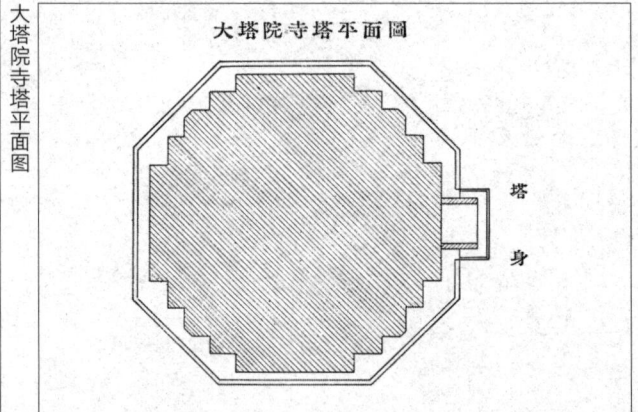

大塔院寺塔平面图

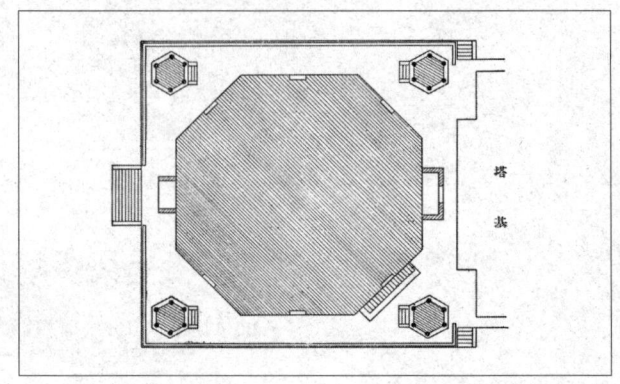

图 87 · 大塔院寺大塔

图 86 · 大塔院寺全景

大显通寺

今日大显通寺，即唐代大华严寺，而唐代大华严寺，则是六朝之时的灵鹫寺。更准确说，乃大孚灵鹫寺十二院之善住阁院。宋《广清凉传》记大孚灵鹫寺创建于东汉永平年间；唐《古清凉传》则称大孚图灵鹫寺为北魏文帝所造。后者之说似更可信。《古清凉传》还道，寺名或称大孚图寺，或简称大孚寺，或再加上该寺所在地之山名，称曰大孚灵鹫寺；大孚寺，其名何解？孚者，信也，帝王信佛至深至诚，为广弘佛教，是以称做大孚寺。《古清凉传》在其《括地志》中，更将"孚"作"铺"解，《高僧传》则将"孚"作"布"解，显然，凡此皆系传录之谬。其实，"孚"者，孚图也，即梵语"塔"之汉音之写，因此，似因为阿育王塔之存在而得名。从名称看，应该说，现今大塔院寺正是袭古时"大孚图寺"之名。

因唐朝澄观法师在此撰《大华严经疏》，故朝廷下敕改名大华严寺。至清太宗时，又将此寺重建，赐名"显通"。此寺位于五台县东北120里处。（常盘大定 文）

清凉澄观法师应寺主贤林之请，于唐大历十一年（776）在大华严寺讲《华严经》。嗣后，再历64年，至唐开成五年（840），日本慈觉大师圆仁躬身至此。据《入唐求法巡行礼记》卷2所载，圆仁来时，大华严寺有十二院。这十二院，见载于《入唐求法巡行礼记》者，计有库院、涅槃院、般若院、菩萨堂院、阁院、善住阁院，共是六院。

有关涅槃院，《入唐求法巡行礼记》载，贤林座主于高楼之上讲《止观》，志远和尚门下徒众三十余僧闻听之，听者中亦有志远和尚本人。《入唐求法巡行礼记》还记，十二院中诸多沙门，皆以志远和尚为典范；志远和尚戒行清高，常修《法华三昧》，一生修为，欲以一心三观为心腑，得见普贤菩萨，并证法华三昧；圆仁还跟志远和尚就有关日本天台宗进行问答；志远问圆仁：贞元二十年（804），日本国最澄三藏入天台求法，得印信归国，天台宗于日本兴盛乎？圆仁答曰：南岳大师生于日本，并就其在日本如何弘法娓娓道来，志远和尚及僧众大为欣喜。翌日，圆仁呈《延历寺未决三十条》于志远，请志远裁决；志远不肯，称天台山已决此疑，实无必要再作裁决。

有关般若院，《入唐求法巡行礼记》称其实属献礼之作，是为久住山中之《法华经》长讲不辍者——文鉴座主，兼为礼敬天台大师宝相而建。《入唐求法巡行礼记》还称，听闻建造般若院，文鉴座主欣喜不已，称"此寺二座开讲，以弘天台宗，远国僧人到此求宗天台，实为天人感应，是有今日"。

《入唐求法巡行礼记》次载菩萨堂院。先述慈觉大师圆仁与持念和尚相见事，曰：

礼拜大圣文殊菩萨，容貌颙然，端庄无比，骑师（狮）子像，满五间殿。

《入唐求法巡行礼记》还述文殊菩萨所骑狮子，曰：

其师（狮）子精灵，生骨俨然，有动步之势，口生润气，良久视之，恰似运动矣。

又称：

今五台诸寺造文殊菩萨像，皆此圣像之样，然皆百中只得一分也。其堂内外，七宝伞盖当菩萨顶上悬之。珍彩花幡、奇异珠鬘等，满殿铺列。宝装之镜，大小不知其数矣。

从殿北及堂前，可尽览五台。唯西台，由于为中台所遮而未能望见。《入唐求法巡行礼记》还记菩萨堂前，有亭三轩，临涯而建。慈觉大师圆仁称，听老辈人讲，以前日本国灵仙三藏曾于此亭得见万尊菩萨。

其次则是阁院。《入唐求法巡行礼记》载：

到阁院，见玄亮座主。听众四十余人，皆是远和尚门下。朝座阁院讲《法花经》，晚座涅盘院讲《止观》……当寺上座僧洪基共远和尚同议，请二座主开此二讲，实可谓五台山大花严寺是天台之流也……阁之内外庄严，所有宝物，与菩萨堂相似也。见辟支佛顶骨……西国僧贞观年中将来者也。兼有梵夹法花经，又佛舍利，置之于璃瓶里。金字法花、小字法花精妙极也。阁前有塔，二层八角。

至于善住院，《入唐求法巡行礼记》记称有诸方来巡禅僧五十余人，在此敕置镇国道场，有天台宗僧人讲《四分律》，并有志远门下在此。

根据《入唐求法巡行礼记》记载判断，当年菩萨堂院，即是今日菩萨顶真容院；当年阁院，即是现今塔院寺；当年善住阁院，则是现今显通寺。由此可知，唐代所谓大华严寺，实际上是由此等寺院聚合以成大伽蓝。圆仁《入唐求法巡行礼记》称菩萨堂院而不叫真容院，但是，到了北宋熙宁五年（1072），日本善慧大师成寻来五台参拜，在其撰文中，即见有"真容院"之称谓，全称为"大华严寺真容菩萨院"。成寻在此见到《广清凉传》著作者妙济大师延一，并受赠摺本三帖，欣喜非常。此事见载善慧大师成寻《参天台五台山记》。

大显通寺之格局，(图88-1)先是天王殿，进了天王殿，则见水陆殿，穿过水陆殿，又穿过左、右两碑，至文殊殿，(图88-2)再穿过文殊殿，遂抵大显通寺大殿。大殿后面有无量殿，又称无梁殿。图89-1中所供奉者，即是无量寿佛像。此无梁殿，如同太原永祚寺大雄宝殿，不用木材，整座大殿，完全以砖石筑就。无梁殿后面乃是千钵殿，如图(图89-2)所示，殿中所奉，乃是十一面千手文殊菩萨像。千钵殿后，则是铜殿，殿中供奉文殊菩萨像。铜殿前有铜塔五座，高2丈余，以喻五台。(图90)

五座铜塔，分别为：

东塔：塔身八角13层，最上面两层有宝塔。

南塔：塔身呈喇嘛教塔建筑特征。

西塔：塔身为八角13层。

北塔：完全与东塔相同。

中塔：塔身3层，呈八角球形，上加飞檐，下筑坛。

若是天寒之日朝拜五台，多有因寒冷而未能登至山顶者，然只须参礼此处五塔，亦算是五台巡礼，尽可满意归去。

铜殿后面是藏经阁。

以上述各殿为中心，以及廻绕四周之鼓楼、钟楼、方丈、知客堂、回廊等，共成一巨刹。仅是大显通寺，就已规模如此，其实，大显通寺亦不过是原先大孚图寺一部分而已。由是可知，原先大孚图寺规模何等宏大。

清凉澄观法师

五台山在佛教史上之所以占有重要地位，乃是由于清凉于此山为华严学集大成之故。清凉系越州会稽山阴县人氏，于肃宗之世，13岁出家。此后，清凉博览诸子百家、经史子集，识尽三教九流，受具足戒后，其节操非比寻常，名山必游，胜友皆访。唐大历十一年（776），游五台，止华严寺西般若院。后至大华严寺，专习《华严经》一经，手不释卷，喜有朝闻，自悟颇多。华严寺于隋朝时被称"东道场"，亦名"善住阁院"，有贤林高僧，华严宗主。清凉与寺众共请法师讲《华严经》《法华经》诸经，前后历五载。清凉称：

大圣文殊师利表真智，普贤菩萨旌真理。二法混融，即表毗卢遮那自体。理包万行，事括千门，广喻大虚，周齐周极，大者为我华严奥旨乎。我今措趾文殊圣都之清凉州域，华严大典岂得捐哉。

于是，暮旦策怀，思谋《华严经疏》之华章。即从华严寺移住般若院，并向众人言："为不空圣地所来旷劫之希逢，在下将屏交游，澄心造《疏》。"为造《华严经疏》，需建一阁，寺主贤林等大赞其成，乃募工起建，不日即成，时为兴元元年（784）四月八日。清凉朝夕焚祝，而得嘉瑞，是以遽入制疏道场，如躬对圣容，援毫洒翰，方思如流，当精释微言，未尝疑阻。唐兴元元年（784）起手，至唐兴元三年（787）十一月五日功毕。于是，华严寺主贤林、尚座悟寂、山门十寺，以及都供养主之温州无著，并阖山僧众，共设大斋，显庆新疏。唐兴元四年（788），并州节度使马遂、代州都督王朝光，各遣使供施，请其讲此新疏，"清凉大师"号，即由此而来。

图 88-1 · 大显通寺全景

图 88-2·大显通寺·大文殊殿

图 89-1・大显通寺・无梁殿

图 89-2 · 大显通寺 · 千钵殿

图 90 · 大显通寺铜殿前 · 五塔

真容院

菩萨顶在中台西南,是灵鹫峰别称,系位于大孚灵鹫寺北面一小山峰,真容院即建于峰顶之上。(图91)《广清凉传》记:

冈峦特起,有类高台,势接中台、北台之麓,山形相似,故以名焉。

所谓"山形相似",即指菩萨顶山形与天竺灵鹫山相似。大孚寺依山而建,故有"大孚灵鹫寺"之称。

此寺之所以名为"真容",盖出于峰顶时有祥云缭绕,文殊菩萨圣容频现之故。自古以来,此处被称为"化文殊台"。唐代景云年间(710—711),有僧法云,住大华严寺,每有四方游客前来,总憾未有佛像可供观瞻,故四方募化,缮治堂宇,以摹仪形。一日,有处士安生,应召而至,为法云塑文殊佛像。法云厚酬之,以求速成,但是,安生眼前并无文殊菩萨法像得以摹仿,于是,焚香祈请菩萨现身。须臾,文殊菩萨即现身庭中,安生大喜过望,恳求大圣多驻片刻,以摹圣容。之后,在其塑像过程中,每当怀疑菩萨是否已经匿迹而顾盼之时,总见文殊依旧在旁,直至大功告成。此间,文殊菩萨共现真容72次,因此,睿宗皇帝赐额"真容院"。以上所述,见载《广清凉传》。

宋太宗对真容院特敕修建,北宋太平兴国二年(977),朝廷敕成都府写造5卷《大藏经》金字一藏,并于同年八月,置于五台山真容院。至宋真宗朝,真宗皇帝再加修葺,并建一大阁。其后,累朝赐馈有加。

其后至明朝永乐初,真容院再加修建,称"大文殊寺"。清朝康熙年间重加修建时,屋顶皆用黄瓦。大文殊寺实由山门、天王殿、中殿、文殊殿等组成,(图92-1)寺院前石阶计108级,现今,此院为黄衣僧修持之处,系喇嘛教本寺。西藏达赖喇嘛,每六年派一名扎萨克前来管理五台教务,扎萨克即驻此寺,管督五台全山喇嘛教僧,位至尊。

《山西通志》卷171记称,真容院原名大文殊寺,宋元祐三年(1088)七月,张商英至真容院,止清辉阁,夜见金灯及文殊菩萨真容;清康熙四十年(1701)十一月十五日,康熙皇帝颁赐真容院全套梵文《大藏经》。

图91·菩萨顶·真容院·全景

图 92-1 · 菩萨顶 · 真容院文殊殿

罗睺寺

罗睺寺位于塔院寺东北角，相传建于李唐一代。《山西通志》载，宋元祐三年（1088），张商英至罗睺寺足迹殿，是夜，于殿角处得见神灯，即捐钱三万与僧正省齐，以重修罗睺寺。其后，至明朝成化年间（1465—1478），赵惠王重修罗睺寺；明弘治三年（1490），再次重修。现在，罗睺寺由天王殿、文殊院、都纲殿（大殿）、后楼组成，属喇嘛教派。（常盘大定 文）

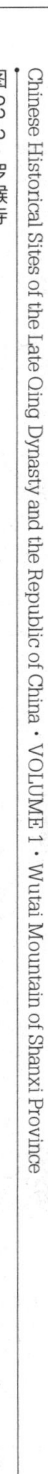

图 92-2 · 罗睺寺

大广宗寺

大广宗寺在灵鹫峰南面半山腰处。明正德二年（1507），敕造大广宗寺，遣中官韦敏督建，并铸铜为瓦。由于大殿上悬匾额"敕建文殊广宗禅寺"，又因铸铜为瓦，故亦称"铜瓦寺"。《山西通志》载有明代释紫柏诗，曰：

更怜铜瓦风霜老
只恐重来不易逢

（常盘大定 文）

图 93-1 · 大广宗寺 · 大殿

殊像寺

殊像寺在梵仙山下。梵仙山位于中台东面，孤峰突起，上有灵应寺。登顶而望，可鸟瞰台中全景。《古清凉传》载：

大孚寺……从花园南行二里余，有梵仙山，亦名仙花山。从地际极目，惟有松石菊花，相间照灿。传云昔有人于此饵菊得仙，故以梵仙仙花为目也。

殊像寺由天王殿、大殿、经藏组合而成。大殿中，有文殊大师骑狻猊像。相传为唐代神匠所作，故有"殊像寺"之称，又有"殊祥寺"之称。《山西通志》载，清康熙二十二年（1683）圣祖仁皇帝赐与殊像寺御制诗与题为"瑞相天然"御书匾额，还记清康熙三十九年（1700）发帑重建殊像寺，有御制碑文。（常盘大定 文）

图 93-2 · 殊像寺 · 大殿

菩萨顶附近喇嘛墓林

真容院后山麓,有喇嘛墓林。火化之后,再筑坟茔,并建小塔。每一坟茔,占地不过数尺。(常盘大定 文)

镇海寺

镇海寺位于交口西南岭下。山势回环,树木郁茂,与金碧殿宇相映,绚丽非常。镇海寺为五台山上为数不多的喇嘛寺之一,寺中有章嘉国师塔。此塔建于清朝乾隆年间,雕工精细,其形制颇似北京西黄寺班禅喇嘛墓塔。章嘉国师于乾隆四十一年(1776)圆寂。(常盘大定 文)

图 94-1 · 菩萨顶附近 · 喇嘛墓林

金刚窟

东台楼观谷有般若寺。般若寺正殿外，楼观谷左崖处有金刚窟，其深莫测。早在李唐时期，佛陀波利曾入此洞，就再没出来。为此，后人将此洞堵死，另在洞外造一小窟，门前镌"金刚窟"三字，据称窟内纳有文殊菩萨之佛牙。

有关金刚窟，唐《古清凉传》载，王子烧身于寺东北，其远近里数未详，当为中台与北台之南、东台之西，三山之中传有金刚窟，径路深阻，人莫能至，三世之佛供养器具，多藏此中。《祇洹图》所记七宝所成之天乐一部，于迦叶佛寂灭之后，文殊师利将其封藏在清凉山金刚窟中，待释迦牟尼佛重现之后，再送往祇洹；其后，文殊师利还，并隐入清凉山金刚窟。又记，迦叶佛在世时金纸银书《大毗奈耶藏》、银纸金书《修多罗藏》，佛灭之后，文殊菩萨一并将其封藏于清凉山金刚窟中。其所记述，虽近荒诞，但不妨将其视作大乘信仰一传说。

宋《广清凉传》载，北台顶上，天井之下有龙宫，并与金刚窟相通。《广清凉传》还称，金刚窟即是文殊大宅，在东、北台二麓之下；楼观谷内、南北岭间，有石门，系先圣出入处，人多不识；昔繁峙县佛慧，曾入此窟，行约30里，有横河，既抵平川，无凡木，宝林极望，唯见四周金楼琼塔，炳然眩目，佛慧出，为人说此。

金刚窟作为文殊菩萨供养之地广为海内外佛教徒所景仰，《广清凉传》对其记载甚多。其中，最著名一则乃是：唐高宗时期，佛陀波利专为礼拜文殊菩萨而从北印度来，与西明寺顺正等人，共译《佛顶尊胜陀罗尼》，译讫，持本再至五台山，入金刚窟，至今未出。《广清凉传》还记，唐代宗时期，温州僧人无著于金刚窟旁幸见种种祥瑞，得知其为一万菩萨度化之处，故虽任官岁久，职满却归此窟。盖大圣文殊师利菩萨，见在窟中，讲《华严经》，无著闻之，欣然随入，行三两步，石窟狭小，不容乃止。《广清凉传》又称，与无著同为代宗时期的南梁僧人法照，与华严寺僧五十余人，同往金刚窟巡礼，来到无著见文殊师利大圣处，虔诚礼敬；忽见化出七宝宫殿，并见文殊、普贤、一万菩萨以及佛陀波利俱在；是夜，法照忘其肉身，独诣金刚窟观见大圣，又见一梵僧，身长7尺，称是佛陀波利，法照闭目，佛陀波利遂引法照入金刚窟；在宝阁中，法照向文殊师利菩萨投身作礼，蒙其受记。

五台山是文殊大士之道场，人们相信文殊大士即居于五台山金刚窟内，因此，说五台信仰尽在此金刚窟，亦言不为过。

金刚窟属喇嘛教派。（常盘大定 文）

图 94-2 · 金刚窟

般若寺

般若寺位于东台楼观谷，据传乃温州僧人无著见文殊菩萨之处。后人因此建寺，并从其因缘而附此名。般若寺三面环山，怪石突兀，古柏挺秀，实为台中胜景。般若寺，除正殿外，在楼观谷左崖还有金刚窟。金刚窟与般若寺因缘，出自无著事迹。

无著，温州永嘉人。唐天宝八年（749）得度，后绍师业，首习《毗尼》，次诣金陵牛头山慧忠禅师，参定心要，遂开法眼。唐大历二年（767），无著志求大圣，远诣五台，经清凉寺，届华严寺，独诣金刚窟，坐而少憩。忽如昏寂，倏见一老人牵牛而来。老人问曰："师何因来此？"无著曰："传闻此地有金刚窟，故来礼拜。"老人曰："师神志昏沉，请师少息啜茶得否？"无著许诺。老人引无著至东北五十余步外一寺观，且吃茶毕，无著请留一宿，老人以无著未脱执念为由，不许让童子送之出寺。至金刚窟边，童子问曰："此何窟？"无著云："名金刚窟。"童子曰："金刚下更有何字？"无著思惟久之，谓童子曰："下有般若字。"童子曰："此即化般若寺也。"无著礼拜取别。然举首不见童子，化寺亦隐。唯睹苍山崔嵬，乔木蓊郁，无著悲怆恋慕，伫立久之。因观所遇老人之地，有白云涌起，须臾见文殊菩萨乘大狮子，万圣翼从。顷刻，东有一段黑云飘来，文殊菩萨即隐。少顷云散，既而遇汾州菩萨寺僧修政等六人，同至金刚窟，游礼圣迹。修政等人，忽闻山石震吼，声如霹雳。询问无著，乃言所遇之事。修政等庆闻灵迹，自恨不睹其事，即唏嘘久之。乃依无著口叙，依实录之，传于遐迩。

以上无著事迹，见载《广清凉传》。

《广清凉传》还载，法照，与无著同为唐朝代宗时人，曾忘身独诣金刚窟，忽见一梵僧，身长7尺，称是佛陀波利，至法照前，语曰："师今悲泣，有何意耶？"答："法照远来，愿见大圣。"梵僧让法照闭目随其行，遂引法照入金刚窟。忽见一院，黄金题榜云"金刚般若之寺"，有七宝楼阁，宝阁中藏金刚般若一切经藏。在宝阁中，法照向大圣投身作礼，蒙授记，又享药食。既而，大圣以法照原是凡质、乃不净之体之故，不容于窟中留宿。法照忽尔伫立于窟前。法照后于华严寺，依梵僧所劝，具前逢遇，实录一一示众。唐大历六年（771），江东惠从，与华严寺僧崇晖明谦等三十余人，至金刚窟，亲遇般若院，勒石以志。

综上所述，可知般若寺早在唐朝代宗大历年间已是信仰圣地。在此建寺，实是恰到其处。《山西通志》载，明朝成化年间，晋王为释立禅，重建般若寺，清代圣祖曾赐御书匾额"雁堂"。（常盘大定 文）

图 95-1 · 般若寺

北山寺

北山寺或称"碧山寺",在东台华严谷,明朝成化年间(1465—1487)代王成练所建。北山寺倚山面水,寺前有老树数十棵,寺院境内有砖塔,还有石塔。有清朝康熙十二年(1673)姑苏圣恩寺沙门供奉经卷二轴,字乃蝇头小楷。《山西通志》载,明代孤月禅师,戒行精严,代王成练于天顺年间师事之,建刹榜,名曰"普济",孤月禅师后在此坐化;康熙三十七年(1698),发帑重建,称名"北山",圣祖仁皇帝改名"碧山寺"。(常盘大定 文)

图 95-2・北山寺

那罗延窟

宋《广清凉传》下作"那罗延洞"。洞在东台东侧，洞门朝东，深2丈余，逶迤隘窄，其大如斗。游人至此，概不能进，往往但以手扪探，或秉烛照之。一穴唯指西北，稍向上，然深不可测，时有冷风拂面。传此洞与金刚窟，皆文殊大圣之所宅。"那罗延窟"出自《华严经》卷46《诸菩萨住处品》，曰：

震旦国，有一住处，名那罗延窟。从昔已来，诸菩萨众，于中止住。

同《诸菩萨住处品》中，还称东北方清凉山为文殊师利止住之处。（常盘大定 文）

东台顶　居士塔

东台绝顶称望海峰，望海峰上有望海寺，今已毁，仅剩石屋六间。有二塔，一在东南，名曰"居士塔"；一在正东，名曰"笠子塔"。居士塔缘起不详。大概是基于代州僧人明崇，在《广清凉传》之《续遗》中所记的事迹，德州市户王在，于宋元祐五年（1090）夏，携妻仆游五台，宿真容院，诣文殊圣像，既有不敬之色，知客僧以触神龙怒、引不测之祸为由求其悔过，遂不悛；后三日，游东台，与百余人众宿台顶化现堂，夜半，忽发大雷，堂壁破为穴，火焰随入，户王在身为之碎，妻仆火其骨下山。是夕，沧州尼海俊同宿化现堂，日已及暮，一叟对尼语："敝居不远，敢邀师留一宿乎？"尼应命，至一石洞，遂失老叟，明朝复返化现堂，知户王在之祸，惊惧交加，再究前宿之石室，乃那罗延洞。

如果说居士塔的由来系基于以上事迹，想必其所礼赞者，乃是那一老叟之功德。（常盘大定 文）

图 96-1・东台顶・居士塔

图 96-3 · 那罗延窟

东台顶　笠子塔

　　笠子塔在东台绝顶之上。东台上，二塔中位在东面者即是。此塔或是为纪念宋代邵武僧人所建。事见宋《广清凉传》下代州僧人明崇所撰《续遗》。

　　《续遗》载，宋徽宗宣和八年（1126）五月，有邵武僧人，其名已佚，与僧人宗新同游五台山，止真容院，瞻礼真像。一日，登东台顶，遇同登东台之代郡赵公康弼、都巡检薰凉等官员。山门上首沙门慈化大师真熙等百余人俱至，已游是洞。赵公等遍入观览，唯邵武僧人伫立洞外。一官员戏之曰："大师何不入？尽可入观无碍。"邵武僧人乃向赵公、慈化、宗新作揖，口言"珍重珍重"，遂趋步进入。至狭隘处，褰衣伛偻而入，却毫无阻碍，如行空室。举众惊愕，喧噪不已。宗新呼之数番，杳无声迹。既而，时移未出。宗新曾与此僧同行数旬，竟不知其乃圣贤，念及此，不由恸哭，众亦下泣。因赵公求其遗物，宗新乃出视之，得一竹笠与蒸饼数枚。当时有平隘塞官，名张伸古，作诗一首呈赵公，以咏其事。诗曰：

　　　南僧远礼五台山
　　　去入那罗洞不还
　　　自古赵公传拂子
　　　今留笠子在人间

　　《广清凉传》称，今诗碑犹存，而笠子亦在。（常盘大定 文）

图 96-2·东台顶·笠子塔

中台顶　石塔

　　中台顶上多平坦，广逾百亩。日本明治三十五年（1902），伊东忠太教授登五台山时，尚见此地垒石成塔。塔建于明朝，塔身八角7层，随塔身升高，塔径亦由粗变细至塔盖。塔上有相轮，下有台座，台座供有佛龛。在佛龛入口左、右刻有仁王像，上方刻有迦楼罗以及二龙女。塔造型奇异，无与类比。日本僧人圆仁《入唐求法巡礼行记》载：

　　　顶上近南有三铁塔，并无层级相轮等，其体似覆钟，中间一塔四角，高一丈许。在两边者团圆，并高八尺许。

　　如今，圆仁《入唐求法巡礼行记》所载之塔已不存。据伊东忠太教授记述，塔外仅剩一宇破殿，偏于翠岩峰方向。（关野贞 常盘大定 文）

图 97-1 · 中台顶 · 石塔

图 7-2·76 中台顶·细部

竹林寺

竹林寺在清凉寺东北。《广清凉传》称竹林寺所在范围属中台，《游台指迷歌》则称竹林寺属西台。竹林寺为唐朝法照和尚所建，《广清凉传》详记法照和尚入化竹林寺，概要如下：

法照原为南梁人，唐朝大历二年（767），于南岳云峰寺饭堂内吃粥之际，自钵中望见五台山佛光寺东北1里余处有山，山下有涧，涧北有一石门。于是，法照入石门，行5里许，见一寺，题"大圣竹林寺"。望之甚久，钵中幻象方隐，法照心极骇异。其后，再经14日，又于钵中见五台山华严诸寺，景致尽收眼底，一目了然，地皆金色，殊无山林，内外明澈，池台楼观，众宝庄严，文殊大圣及一万菩萨，咸处其中，又现诸佛净国。食已方灭，心疑益甚。归院，语诸僧众，且问曾至五台否。时有嘉延、昙晖二阇梨回应道，某甲曾到五台山佛光寺，并泊夜之，其所见与师钵内所见颇为相同。法照经问答而获知，其所观见者，确系五台山佛光寺，但其时，法照尚未发五台山朝礼之愿。至唐大历四年（769）夏，在衡州湘东寺高楼上，9旬入念佛道场，又见祥云，缭绕诸寺，云中尽现诸楼阁，阁中有身长丈余梵僧数十，执锡行道。阿弥陀佛、文殊、普贤，及一万菩萨，俱在此中。大众争相观瞻，涕泣致礼。

是夜，正当法照行道，道场外有一老人，劝法照速往五台山，一路自是平安无疑。于是，法照发愿，于夏满之时游礼五台。其年秋8月，与同行者十人，从南岳共赴五台。果然，路上无险无碍，于次年4月，终达五台山，并诣佛光寺，斯景果如之前钵中所见。当晚，法照出房户，忽见白光一道，自北山下来，至法照跟前。为此奇异白光所引，法照即具威仪，循白光来至寺东北约1里许，发现此地有山，山下有涧，涧北有一石门，又有二青衣童子，一称善财，一称难陀，引法照入门。向北行5里处，望见一金门楼。渐至门所，方见一寺。

寺前有大金桥，金榜题曰"大圣竹林寺"。一如先前钵中所见，方圆20里，中有120院，院中皆有宝塔，其地纯是黄金，渠流充满花果。法照入寺，至讲经堂。经堂内，大圣文殊在西，普贤在东，各于狮座上讲法。文殊左、右有万余菩萨，普贤身旁，亦有无数菩萨。法照至二圣前，于狮子座下稽首。礼毕，问大圣："末代凡夫该修何法方可成佛，并普渡众生？"文殊师利告曰："莫过于念佛及供奉三宝。"法照又问："如何念佛？"文殊告曰："西方有极乐国，并有阿弥陀佛，此佛法力，不可思议，当须系念谛观彼国，决定往生彼佛国中，永不退转，速出三界。"说是语已，时二大圣，各舒金色手，摩法照顶，而为授记。二圣各颂偈语，谕曰："诸法唯心造，了心不可得。"法照闻已，疑窦悉除。法照礼谢已，合掌而立。文殊师利告法照言："汝可往诣诸菩萨院，次第巡礼。"法照即受教已，遵文殊所示，次第巡礼。遂至七宝果园，食一果，心意泰然。回至大圣前，作礼辞退。文殊师利遣二童子，送至门外。礼已举头，遂隐不见，法照怆然，倍增悲感，遂立石题记。

《广清凉传》作者延一附记，称该石碑于今犹在。

后来，法照与华严寺僧众五十余人同至金刚窟，于无著见大圣处，接二圣及佛陀波利。是夜，法照又单独行至金刚窟，见佛陀波利，并由其接引，入金刚般若之寺，见文殊菩萨，得其授记。是年冬，遂于华严寺，入念佛道场，绝粒要期，祈生净土。七日后，尊一梵僧指示，在遇奇瑞之般若院所在，立石具前逢遇。后至唐大历十二年（777）九月，于东台又见文殊菩萨。其后，法照大师于华严寺南15里处，即中台中麓下，依所逢大圣化寺处，特建一寺，以"竹林"为号。据《莲宗宝鉴》与《佛祖统记》卷26载，法照寂年为唐大历七年（772）。但事实上，法照于唐大历十四年（779）被封国师，因此可断《莲宗宝鉴》与《佛祖统记》卷26所载不实。《宋高僧传》称法照寂年不明，法照圆寂或为唐贞元年间。（常盘大定 文）

图98-2·竹林寺·全景

唐开成五年（840），日本圆仁和尚巡礼五台山，披览《入唐求法巡礼行记》有关竹林寺之记载，不难想见当时李唐王朝盛世气象。据《入唐求法巡礼行记》载，当时，五台山寺院，计有律院、库院、花严院、法花院、阁院、佛殿院，共六院。圆仁记录其巡礼见闻，有关般舟道场，称，法照于此堂念佛，修行三昧，被敕谥为"大悟和尚"。法昭圆寂之后将近二年，道场为其造影并供奉于斯；道场内，还画有佛陀波利到山门见老人之影图。从法照圆寂，至圆仁巡礼五台山，其间约历四十年，故圆仁《入唐求法巡礼行记》所记"圆寂之后近二年"之理由，莫能知也。有关花严院佛堂，圆仁记其处有一铺金刚界曼荼罗。有关贞元戒律院，则称，入此院后，上楼礼拜国家功德七十二贤圣诸尊，曼荼罗彩画精妙。有关万寿戒坛，记其乃纯白玉石作，高3尺，八角形，以泥香筑填坛底，坛上敷一五色彩丝毯，此毯亦造八角之形，大小宽窄尽与坛座同。（常盘大定 文）

小野玄妙氏曾对竹林寺进行过考察。据其记载，竹林寺位于中台南麓盆地之上，地势颇为形胜，由此不难想见当时六院壮丽景象。若登前峰，乃置身于中台怀抱，左有西台，右可遥望北台，竹林寺即在咫尺。（图98-2）

法照和尚所开般舟道场，为五台念佛之始。圆仁和尚也正是从此处将其传至日本比睿山，致是三昧念佛常闻。日本净土诸宗之念佛，即发源于此地，君不见日本真如堂放声念佛，所传正是迢迢万里之外五台梵音一脉。就此而论，在佛教史上，大圣竹林寺地位可谓显要。法照之名，在日本净土宗如雷贯耳，亦属理所当然。法照之墓，有文献称，就在五台县东北方，彼时叫大贤岭，今称阁子岭。但是，作者特派太原县美丽兴照相馆主人前往调查，答复是现已湮灭无存。

竹林寺现状已是不忍卒睹，所见一规模并不宏大之殿宇，均系近代以后重建。正殿内，除佛陀本尊外，还悬喇嘛教派明王像，当年般舟道场已不得见。寺中唯一古物为一经幢，已倒在佛殿前，上有"宋天圣三年"（1019）之铭。三门前再往南几十步，有一砖塔，八角5层，高70尺许（图98第-1），据称建于明朝万历年间。（常盘大定 文）

塔基底座有斗拱，用于加固塔身各层。第2层、第4层有廻檐，但最上层廻檐缺失且高度明显偏低，故破坏了整体的协调。塔顶上相轮矗立，然相轮极小。

图 98-1·竹林寺·八角五层砖塔

清凉寺

清凉寺位于五台县东北80里处清凉谷中。日本圆仁《入唐求法巡礼行记》将清凉寺划归南台；《广清凉传》称其属中台；《山西通志》则记清凉寺位于中台以南40里处；《游台指迷歌》称其位于西台。清凉寺创建于北魏孝文帝时，寺中有清凉石和千佛塔。清凉石，周围4丈，厚6尺5寸。此石上平，下则不然，为其他石头所撑，若用力撼之，则微动。（常盘大定 文）

千佛塔乃铜铸，塔分9层。其造型、工艺让人大开眼界。（关野贞 文）

宋《广清凉传》所记"中台古十寺"中，列有清凉寺名。《广清凉传》叙五台诸寺，称清凉寺依山而立，并称其位于岩侧，前通涧壑，上接云霄。《广清凉传》又载，唐武则天长安二年（702），敕大德感禅师亲谒五台，云中现佛手印，又有菩萨显形西峰，凡此瑞相，大德感禅师均将其作画献与皇上，帝大悦，敕大德感禅师为清禅寺主，掌管京城僧尼，又命工匠以美玉雕琢御容，送五台，供奉于清凉山，后将其留于太原崇福寺大殿，并在五台山造塔建碑记之。

唐开成五年（840），日本慈觉大师圆仁在《入唐求法巡礼行记》中称清凉寺彼时为南台所管，并将整个五台山统称为清凉山。又载，整个五台山佛教丛林，以此寺历史最为悠久，名清凉寺，寺中有清凉石。由是观之，作为五台山道场始祖之圣迹，清凉寺最具纪念意义，殊不知，清凉寺名满天下却是由来已久。《山西通志》援引唐李邕《五台山清凉寺碑》及《明一统志》记载，称此清凉寺为五台山中最古之寺，是文殊真容显现之地，称之"清凉"，可谓名正言顺。

作为道场始祖的古清凉寺，立有三座法师塔。其中，一塔已经坍塌，另外二塔保存完整。大塔为清凉山僧正宣秘大德塔，建于大朝□□丙午年。小塔为清凉山座主真觉大师塔，建于金代正隆六年（1161）十月二十三日。从小石塔建造年月所刻铭文推测，大石塔的"丙午"，应是金天会四年（1126），或为金大定二十六年（1186）。此类石塔，其历史可推溯至金代者，已不多见。因此，古清凉寺石塔可视为金代建筑之代表。（常盘大定 文）

图 99・西台・清凉石及千佛塔

金阁寺

金阁寺位于五台县东北方，与清凉寺相近。宋《广清凉传》称金阁寺属中台；《游台指迷歌》则称其属西台；《山西通志》记金阁寺位于南台西北岭畔。金阁寺系唐朝代宗皇帝于大历元年（666）为道义和尚奏请之后敕建，事缘详见《广清凉传·道义和尚入化金阁寺》记载：

释义禅师者，未详姓氏，本江东人也，受业于衢州龙兴寺，神清骨秀，风标彩人。唐开元二十四年（736）四月二十三日，远自江表，与杭州僧普守，同游至台山清凉寺粥院安止。有主事僧白，普请于东岭荷薪。道义即……东北而行，访寻文殊所在……精心一念，物我俱忘，忽举目顷，见一老僧……乘一白象，寻岭而来。道义见之，不觉避路，投身于地，倾心礼足……大圣僧谓义曰："师远自江表，来陟灵山……然此台山一境，上下五峰，不论道俗，乃至足践一土一石，非但灭生死之罪，佛记此等，当来必获紫金之身……今日天色虽和，然山顶风冷，即时且去，须取棉衣，明旦登台，得其宜也。"义遂礼谢，未及再视。象过如风，杳然莫睹。义归清凉寺，取所寄衣衾，自宵达旦。方至西台，果遇风寒……及上台顶，果睹光瑞、灵塔、八功德水。罔不周览，明赴中台。适行半路，复遇昨所见者乘象老僧，杖锡而来，谓义曰："师可急行，及他食次，老僧今日须到太原……"礼未毕，俄尔失所。义遂前进，至供养所，果与众僧食。次义复奇之，慰沃心灵，体忘疲倦，直至日昃，略无音信。道义登岭翘望，挈瓶行脚，向中台顶上，处处巡礼，一心注想大圣真仪，又忆乘象神僧所教，伫伺消息，靡敢懈倦。因出僧堂南，约数十步，翘首瞻望，忽见一童子，年十三四，衣新黄衫，履新麻屦，自称觉一。云和尚在金阁寺，遣来屈衢州道义阇梨吃茶。义遽随觉一，向东北行，二三百步，举目见一金桥。义即随登，乃金阁寺。三门楼阁，金色晃曜夺目，大阁三层，上下九间。睹之惊异，虔心设礼，遂入寺庭。堂殿廊庑，皆金宝间饰。独当门大楼，及所度桥，纯以紫磨真金成之。义瞻仰不暇，神志若失，唯竭诚展礼。童子引义入东厢，从南第一院登门，忽见乘象老僧，当门踞大金绳床而坐。云："阿师来耶，莫要礼拜，请上阶来。"义欲敷坐具展拜，老僧制之。义不敢拒命，即升堂伫立。大圣呼觉一，取一小绳床来，令阇梨坐其绳床。器物迹是纯金，道义合掌顶礼，悚惕而坐，内怀惊叹，未敢咨询。少选，大圣谓向义曰："阿师从江东来，彼处佛法如何？"义曰："末法住持，少奉戒律，若非目证不可知也。"大圣言："善哉……"遂令觉一，将茶及药食来。既至，命义啜食。香味芬馥，迴殊常味。食已，大圣复召觉一，送阿师游十二院。义与觉一，遍历诸院修谒。至大食堂前，多有僧侣，或禅或律，若坐若行。数约盈万，或复受礼，或相承接者。十二院题额各异：

东廊六院——大圣菩萨院、观音菩萨院、药王菩萨院、虚空藏菩萨院、大慧菩萨院、龙蘽菩萨院

西廊六院——普贤菩萨院、大势至菩萨院、药上菩萨院、地藏菩萨院、金刚慧菩萨院、马鸣菩萨院

义巡谒毕，老僧遣义早归，寒山难住。道义遂辞

老僧，出寺百步。回顾已失所在，但空山乔木而已，方知化寺，遂回长安。大历元年（766），列其上事，闻奏太宗皇帝。帝下敕建置，诏十节度使照修创焉。

据不空三藏《表制集》所记，可知以下事实，即道义和尚感见奇瑞，乃是唐玄宗开元二十四年（736），为此所感铭，并于道义和尚幸见奇瑞之处大兴土木以开建寺院者，系泽州沙门道环。对此举大加赞赏，以致喜舍衣钵之资襄助其成，更奏闻朝廷，为朝廷允准，至是奉敕建造规模宏大之金阁寺者，乃是大兴善寺的不空三藏。当时，由印度那烂陀寺喜鹊院僧人纯陀任都料一职，总督营建工程，后来继不空三藏衣钵的含光大德，于唐朝大历初，代不空三藏奉敕任金阁寺造营校检。又据《宋高僧传》卷20《道义传》记载，寺成之后，朝廷将其敕赐不空三藏。五台山金阁寺、玉华寺两大名刹，尤其金阁寺，可谓不空三藏举全力营造，而且于寺成之后，又让弟子含光在此住持，令金阁寺香火旺盛。不空三藏乃密教伟大弘传者。其在世时，正是中国密教的黄金时代，帝京长安，密教以大兴善寺为中心，弘扬其宗风。不空三藏又选五台山为全国密教中枢，并竭全力造五台山金阁、玉华二刹。

金阁寺建成于唐大历二年（767），建成后第七十四年，即文宗皇帝开成五年（840），日本慈觉大师圆仁和尚巡礼至此。有关不空三藏倾注心血所建金阁寺之构造与内部布局，《入唐求法巡礼行记》卷3多有记载。据载，金阁寺正殿3层9间，高百余尺。第1层供奉文殊菩萨像，文殊菩萨骑青毛狮；第2层供奉金刚顶瑜伽五佛像，此系不空三藏仿印度那烂陀寺佛像塑造，此外还供两尊侍佛像；第3层供奉顶轮王瑜伽会五佛金像，每佛各有一菩萨侍像，安奉于粉壁内，并画诸尊曼陀罗，画作未竟其成；寺内还有持诵曼陀罗道场，系含光和尚为奉敕持念修法而开。圆仁巡礼五台山时，金阁寺中还有日本灵仙三藏的手皮佛像及金铜塔。圆仁还称，灵仙在金阁寺以及普通院壁上自题"以元和十五年入此兰若"，并称灵仙和尚在入七佛教戒院之前于金阁寺驻锡长达两年。由此可知，灵仙自元和十五年（820）始，于此处居住两年，修学秘法，并自剥手皮一片，长4寸、宽3寸，以画佛像及造金铜塔，将其纳于金阁寺中。（常盘大定 文）

有关金阁寺在李唐以后历史变迁的文献甚为鲜见，于今所见浩浩大殿、讲经堂、方丈、客堂、厨房等建筑，其建造历史俱不早于清代。金阁寺大殿宏伟气派，于中国佛教丛林而言，实不多见。大殿中供有大观音像，系明嘉靖四年（1525）塑造，高5丈3尺，三面四十二臂。讲经堂供有十一面观音大士像，均系近世之作，工艺无观赏价值可言。

《山西通志》载，宋代崔提举，于南台见金桥圆光；宋元祐三年（1088），张商英于寺门前望见南台一侧现祥云、金桥以及金色相轮。（常盘大定 文）

图100·金阁寺·大殿

灵境寺

灵境寺在五台山南台西南麓，位于佛光寺东约40里，在法华寺东北，与其相距不过五六里之遥。日本入唐僧人圆仁称灵境寺属南台，宋《广清凉传》亦言灵境寺属南台，《游台指迷歌》则将灵境寺置于台外。《山西通志》载，灵境寺去南台20里，乃明朝成化年间僧人清善所建。

灵仙三藏

据《入唐求法巡礼行记》载，灵境寺乃日本当年入唐僧人灵仙三藏挂锡之地。灵仙三藏为南都兴福寺学僧，于日本延历二十三年（804）与最澄、空海等人一起入唐。其他人入唐后仅一两年便纷纷归返日本，唯灵仙三藏长留中国，于唐元和十五年（820）加入般若三藏的译场，并任译场首座，翻译《心地观经》。灵仙三藏后于灵境寺罹难，被人毒杀致死，一生未能全其终。据《入唐求法巡礼行记》记载，圆仁和尚至灵境寺，曾向寺中耆宿打听灵仙亡身之处，被答曰：

灵仙三藏先曾多在铁勤兰若及七佛教戒院，后来此寺，住浴室院。被人药杀，中毒而亡过，弟子等殡埋，未知何处。

圆仁更行至北方三四里外七佛教戒院，但见房舍破落，人去屋空，壁上钉板，上有灵仙三藏法孙——渤海僧贞素手书《哭灵仙上人诗并序》。序称，贞素师父为应公，而灵仙大师系应公师父，长庆二年（822），入室五台；长庆五年（825），日本大王（嵯峨天皇）赐百金与灵仙，彼时灵仙远离日本，身在长安；是时，贞素携其金并天皇书，送至铁勤寺，灵仙大师收讫；同时，灵仙寄附一万舍利，又新经2部与贞素，让其带回日本，以答谢国恩；后贞素从日本归返之际，日本朝廷又捎百金，托贞素转与灵仙，时为大和二年（828）；而贞素至灵境寺时，灵仙大师已身亡久矣，是以泣血题诗以记。

圆仁说灵仙于金阁寺挂锡两年后方入住七佛教戒院。灵仙挂锡金阁寺乃唐元和十五年（820），入住七佛教戒院或许是唐长庆二年（822）。多亏圆仁《入唐求法巡礼行记》记载，我等后人才有幸知悉灵仙三藏的品行，斯人已为历史湮没久矣！铁勤寺在西台。据《山西通志》卷171记载，灵仙三藏系天宝中与行贺一起入唐。据《本朝高僧传》卷4《行贺传》记载，行贺入唐乃是日本天平胜宝五年（753）。照此推算，灵仙寂化则是在入唐之后70年。即便灵仙英年20岁就已入唐，70年后也超过80岁了。同行者行贺入唐时年龄二十有五，倘若灵仙亦是同龄，寂化时则是

95岁。虽说此等事并非绝不可能，但不免让人对其入唐时间之记述生疑。综上所述，可见灵仙入唐实际要比《本朝高僧传》记载至少减去16年方可接受。

圆仁《入唐求法巡礼行记》称，灵境寺有三门，三门两侧有圣金刚菩萨像，但却未说此圣金刚菩萨像灵瑞如何，也未提及灵境寺的规模。反之，对七佛通戒院僧人之有无却娓娓道来。由此推测，莫非灵境寺在圆仁访迹之时就已荒废不堪？在灵仙殁后不足20年间，灵境寺就已经毁废殆尽，耆宿灵仙三藏埋骨之处，自是难觅其踪，遑论千百余年后之今日。现存灵境寺大殿，乃清代以后建筑，此亦证明佛教名刹生命力之顽强。七佛通戒院在《山西通志》中被称作七佛洞，距台西20里处。传说古有梵僧七人在此入寂，遂立七佛像。（常盘大定 文）

图101-1·灵境寺

法华寺

法华寺在佛光寺东面 25 里，位于清凉岭中上部的溪谷中。宋《广清凉传》称法华寺属南台，《游台指迷歌》则将其置于五台之外。窃以为，法华寺应属南台。法华寺相传为唐代神英和尚所建，此事详见《广清凉传》之"神英和尚入化法华寺"条。《山西通志》则记法华寺位于五台县东北 70 里处，乃北齐时所建。

神英和尚，本沧州人氏。龆年悟道，早通禅定，兼明经论。远诣南岳，参神会和尚。神会和尚谓英曰："汝于五台山，有大因缘。速须北行，瞻礼文殊大圣，兼访遗踪。"神英即承师教，以唐开元四年(716)登五台山，止华严院。尝一日独游西林，忽睹精舍，额题"法华之院"。神英直入巡礼。俄见多宝佛塔一座四门，玉石形像，细妙光莹，神工罕及。次后有护国仁王楼，上有玉石文殊、普贤像并及部从。前有三门，里门两披，有行官道场。巡礼既毕，神英欲出院门，复见众僧，姿状神异，心疑化境，遂出东行。约 30 步间，闻声，神英回首视之，一无所见。神英乃悲泣久之曰："此必大圣所化，于我此地，有大因缘。"即于化院之地，结庵而止。神英发大誓愿："我当如化院建置伽蓝。"居之岁余，归依者众，遂募良匠，营构不酬工直，所须随缘。又远自易州，千里求采玉石。所造尊像，罣琢精绝功妙。人神壁画，多是吴道子之真迹。费盈百万，题号"法华之院"。和尚因即住持，直至示灭。年代虽远，灵塔犹在。

上记《广清凉传》所载，似并非荒诞不经。有关神英和尚，斯人斯事，有 223 年之后于唐开成五年(840)寻访此地的日本和尚圆仁《大唐求法巡礼行记》卷 3 的记载为证（译注：此处原文有误，应是123年而非223年）。《大唐求法巡礼行记》卷 3 载，大历法华寺有重阁，建于峻崖之上，四方涯面，尽是花楼宝殿，任地高低，堂舍栉比，经像宝物，妙不可言；五台诸院中，法花院有神道和尚影像，此和尚在生时，行法华三昧，长念《法华经》，43 年间，不出寺院，感得六根清净，今已寂化数年。从圆仁《大唐求法巡礼行记》记载不难想见，唐代法华寺规模何等之大，藏宝又是何其多也。

如此名刹，现在已荒废至极莫可名状。堂院楼阁，任其荒芜，于今已不见僧人踪迹。当年盛景，只剩下倒塌的砖塔与经幢。砖塔中有志公菩萨《十二时

歌》壁碑，壁碑上刻有"宋元祐四年(1089)造"字样。不过，此《十二时歌》与《景德传灯录》所记有所不同。

（常盘大定 文）

图 101-2 · 法华寺

大佛光寺

佛光寺在五台县东北方向,即五台县与金阁寺中间。宋《广清凉传》称金阁寺属中台,唐《古清凉传》则称其属南台。《游台指迷歌》自成一说,将佛光寺置于五台之外。不将佛光寺硬扯进五台山域,或许更妥。大佛光寺为北魏孝文帝所创建,后经隋代解脱禅师再建,隋唐以后为五台山一大名刹。唐《古清凉传》载:

> 南台,灵境寂寞,古人罕经焉。台西有佛光山。下有佛光寺,孝文帝所立。有佛堂三间,僧堂十余间。尊仪肃穆。林泉清茂。昔有大隋开运,正教重兴,凡是伽蓝,并任复修。时五台县昭东寺解脱禅师,于此有终焉之志,遂再加整理。

宋《广清凉传》称,佛光寺为燕宕昌王所立。宕昌王巡游礼谒,至此山门,遇佛神光,山林遍照。故置匾额,曰"佛光寺"。此外,佛光寺东北四五里处有唐昌寺,传说是宕昌王在建佛光寺时,曾住跸此寺,故以"唐昌"为寺名。不过,此说恐怕是以讹传讹。

唐《古清凉传》载,解脱禅师为五台县人,早年出家昭果寺,初从介山之右抱腹山志昭禅师处询求定验,炎凉未几,遂返故居,自尔常诵《法华经》,并习禅数,数往大孚寺,追寻文殊菩萨,并于东台之左,再三逢遇,禅师亲承音训,因自内寻,乃悟无生,遂慨兹独善,思怀旷济,祈诚大觉,乃感诸佛现身,同声说偈曰:"诸佛寂灭甚深法。"《古清凉传·别传》载,解脱禅师既蒙大圣指示心印,乃谦卑自牧,每清旦,为众营粥。大圣为试之,忽现于前,解脱殊不顾视。大圣警曰"吾是文殊,吾是文殊",解脱应声曰"文殊自文殊,解脱自解脱"大圣审其真悟还隐不现,于是,远近辐辏,请益如流,日盈万指,俯徇善诱,务攻其所疾,略无常准。然不出其寺,垂五十年,学成禅业者,将千余人。多见古人,虽衡岳惠思,台山智者,未有若斯之盛。(常盘大定 文)

佛光寺,就其寺院占地面积以及寺院本身气势而言,并不让人有磅礴雄伟之感,但其照样不失隋唐以来中国佛教一大名刹之声望。尤其是佛光寺大殿三尊佛像,堪称五台山独一无二。(图103)三尊佛像中央为释迦如来坐像,有二罗汉、二菩萨侍奉两旁。(图104)西方阿弥陀佛亦是坐像,有四菩萨在旁侍奉。东方弥勒如来为半跏像,同样是四菩萨服侍在旁。而且,阿弥陀如来右方,有文殊菩萨及其从者。(图105)在弥勒如来左方,乃是普贤菩萨及其随从。此外,还奉有供养菩萨以及二天等诸尊。三尊佛身长一丈六,侍奉菩萨身长丈余。所有佛陀均为塑像。日本大正十一年(1922)九月,小野玄妙氏寻访时,发现三尊佛近代以后已被重修。在小野玄妙氏寻访之后再历三年,笔者常盘大定委托山西太原美丽兴照相馆主人前往佛光寺为三尊佛拍照,方知中央的释迦如来造像已与先前大相迥异。其左手所持宝珠与身上袈裟以及衣纹色彩已俗恶不堪。猝然见之,无人相信此乃之前观瞻过的同一佛像。不过,虽经如此重修,但佛像面

容、姿态以及衣褶，尚依稀可见宋代以前的风采。

佛光寺中有古玉像，似是童子文殊造像。此古玉像，其格调、风韵不无宋、元时期特征。（关野贞 常盘大定 文）

佛光寺中还有二经幢。一在大殿之前，上有唐朝大中十一年（857）铭文。（图106）将日本大正十一年（1922）九月小野玄妙所拍照片（图106-1）与大正十四年（1925）十月常盘大定所获相片（图106-2）相比较，可知幢身、顶部幢盖、幢底莲台、坛座，均无不同。但是，幢盖上第2层雕有佛龛之幢身，以及幢身上所雕火球却有不同，而且，坛基下部见有新加坛座。（关野贞 文）

对此二幅照片，作者实难就其不同之处判定二者是否拍自同一物件，非常困惑。所幸见到小野氏所拓刻文，又仔细看过日本大正十四年（1925）所拍照片亦发现上有"大中十一年"年号，方知二者所拍确系同一物件，不由转感为喜。两张照片因拍摄时间有异而导致观感不同，其实，此即中国佛教道场遗物与时俱变之极好例证。（常盘大定 文）

立于寺院中庭者，乃双层经幢。经幢立在坛座之上，刻有"唐乾符四年"字样。（图107-1）经幢上有宝珠并幢盖，上下幢身对接处，亦作一飞檐式幢盖，坛座刻有莲花等图象。虽然后世有修补，但是，整个经幢台座以及幢盖仍是原初物件，上层飞檐亦保存完好。（关野贞 文）

图102・大佛光寺・全景

图103·大佛光寺·三尊佛

图104·大佛光寺·三尊佛之释迦如来（居正中）

图105·大佛光寺·三尊佛之西方阿弥陀如来

图 106-2·大佛光寺前·陀罗尼经幢（日本大正十四年十月拍摄）

图 107-1·大佛光寺大殿庭院·陀罗尼经幢

晚清民国时期中国名胜古迹图集·第壹卷·山西五台山

图 106-1·大佛光寺前·陀罗尼经幢（日本大正十一年九月拍摄）

思阳岭　尊胜陀罗尼幢

思阳岭在五台县东北方，正好位于五台县与佛光寺中间。唐高宗时期，北印度佛陀波利在此地遇一老叟而成就功德，此地因之成为大乘佛教信仰史上尤为引人注目之胜迹。宋《广清凉传》之"佛陀波利入金刚窟"条下，详载其事。

图87、图97-1、图97-2、图106-1照片系日本大正十一年（1922）九月伊藤忠太氏拍摄。除此之外（大塔、中台顶上石塔及大佛光寺陀罗尼幢），余者俱为作者常盘大定于日本大正十四年（1925）十月通过当时庆应大学学生宁超武委托太原县美丽兴照相馆老板拍摄。

佛陀波利三藏

《广清凉传》载曰：

佛陀波利者，唐言觉爱，北印度罽宾国人也。亡身徇道，遍观灵迹，闻文殊师利在五台清凉山，远涉流沙，躬来礼谒。以唐高宗大帝仪凤元年（676），至台山。南陟思阳岭，见林木干云，景物殊胜。内心忻怪，五体投地，向山顶礼曰："如来灭后，众圣潜灵，惟有大圣文殊师利，于此山中，汲引群生，教诸菩萨。波利所恨，生逢八难，不睹圣容，远涉流沙，故来礼谒。伏乞慈悲普覆，令睹尊仪。"言已，悲泣泪流，向山顶礼。礼已，忽见一老人，从山中出来，作婆罗门语，谓波利曰："师，情存慕道，追访圣迹，不惮劬劳，远寻灵异。然汉地众生，多造罪业，出家之士，亦多犯戒律。西土有佛顶尊胜陀罗尼经，能灭众生

恶业。未知师将得此经来否？"波利报曰："贫道宜来礼谒，不将经来。"老人曰："既不将经徒来何益，纵见文殊，亦不识。师当却回取此经至，流传斯土，即是遍奉众圣，广利群生，拯济幽冥，报诸佛之恩也。师如取得经本来，第即示师文殊所在。"波利得闻此语，不胜喜跃，遂栽抑悲泪，至心礼拜。举头之顷，不见老人，僧大惊愕，倍更虔诚。毕志捐生，复还西域，求佛顶尊胜陀罗尼经。至永淳二年（683）回，至长安，具以上事闻奏。高宗大帝，遂留经入内，请日照三藏法师，及敕司宾寺典客令杜行顗等，共译唐本也。敕赐绢三千匹，经遂留内中。波利泣奏曰："贫道捐躯委命取经来，意愿普济群生，救拔苦难，不以财宝为念，不以名利关怀，请还经本流行，庶使含灵同益。"帝遂留新翻之经，还僧梵本。乃将诣西明寺，访得通梵语唐僧顺正，奏共翻译。帝可其请，波利遂对诸大德，与顺正译讫。波利持本，再至五台山。相传入金刚窟，于今不出。顺正等具波利所述，序之经首。

在中国各地所见经幢，多刻有"佛顶尊胜陀罗尼"字样，乃缘发于此，即陀罗尼之源在此思阳岭，故以常规论，俱须加上"佛顶尊胜"四字。日本慈觉大师圆仁于157年后，即唐开成五年（840）巡礼此思阳岭时，曾见宝幢，上刻"佛顶尊胜"之原委由来。《入唐求法巡礼行记》记：

今见建宝幢，幢上篆佛顶尊胜陀罗尼及序，便题波利遇老人之事。

此文即是其证。如今思阳岭上犹有陀罗尼幢，上刻宋天圣四年（1026）年号。虽可谓意匠富瞻，但毕竟已非当年圆仁大师所云之物。（常盘大定 关野贞 文）

图107-2·思阳岭·尊胜陀罗尼经幢

山西龙山 | LONGSHAN MOUNTAIN OF SHANXI PROVINCE

- YUNGANG GROTTOES OF SHANXI PROVINCE — 山西云冈 ☐
- DATONG CITY OF SHANXI PROVINCE — 山西大同 ☐
- WUTAI MOUNTAIN OF SHANXI PROVINCE — 山西五台山 ☐
- LONGSHAN MOUNTAIN OF SHANXI PROVINCE — 山西龙山 ■

概说

山西太原县西北龙山上，有昊天观。昊天观东面石崖，鐾有石室八处，室中镌有道像。此昊天观传为宋元之交全真教饱学之士宋披云所开凿。

在其最南端，有上、中、下3阶共3窟；最北端有左、右2窟；中间则有3小窟，合8窟。8窟内全有道像。除此8窟外，尚有诸多小洞，只是此等小洞，现今已无道像。为叙述方便，姑且将最南端处上、中、下3阶所开3窟依次称为第1窟、第2窟、第3窟。最后，将北面最北端左、右2窟取名为第7窟、第8窟，第8窟有匾额，上书"玄门列祖洞"。（图108）

凡此石窟，一是其乃道教胜迹；二为时在宋、元之交，与其相类者鲜见，可谓珍稀。

此石窟开凿发起者宋披云为何许人也。宋披云乃山东东莱人氏，名德方，生于金代大定二十三年（1183）。宋披云后于南宋淳祐七年，亦系蒙古定宗二年（1247）坐化，年六十有五。宋披云乃全真教主丘长春（丘处机）弟子，与师兄尹志平、李志常同为全真教十八大师之成员。全真教十八大师，系当年丘长春奉元世祖之命、历万里艰险往印度谒拜时的随行弟子。归来之后，其余师兄弟俱因功受赏，独独宋披云不为所动，潜心读书。丘处机瞩望其日后能扶宗翊教。

在丘处机晚年，宋披云曾向其咨问已经佚失的道经如何补救。丘处机称自己年事已高，故将此事委与披云，特授其号，曰"披云子"，还告称缘在西南。邱长春坐化之后，尹志平接掌全真教。宋披云以其博学而襄助教中事务，既而为大丞相胡天禄所邀，往太原，游西山。宋披云到太原后，重兴古昊天寺，以证先师邱长春"缘在西南"之预言。

宋披云在胡天禄保护下，竭全力收集、校对道藏并雕版印刷。当时，行世之道书，遭兵火之劫，毁失殆尽，故尹志平奉朝旨命宋披云抢救道书于灰烬中，道书庞乱芜杂，几难入手。宋披云受命后，即刻广求博洽异闻之士，以襄其成。其所遴选者，有李志全、秦志安。前后耗时十年，完成道书开雕刻印之大业。开雕年代为南宋嘉熙元年至淳祐四年（1237—1244），其道书开雕付梓之始，正好也是龙山石窟开凿动工之时。

图 108 · 龙山 · 昊天观 · 道教石窟 · 全景

第1窟 丘祖洞

　　第1窟室内正面中央刻有一道尊坐像。左、右两壁，刻有十侍者，站立云中。窟顶天花，刻有祥云腾龙。由于系砂岩地质结构，窟内雕刻，磨损剥落严重，以致多有模糊不清之处。但看得出，不管是形制，还是布局，无不是模仿佛教石窟。在道尊上方，其左、右两侧，甚至刻有飞天，手持莲花，与佛教雕刻路数相同。壁上刻有文字，曰：

　　（前缺）丹台瑶林，以游以息。云□霞□，以饮以食。其动非心，其翔非翼。听不以耳，闻乎无穷。视不以目，察乎无极。此皆无祖无宗，不始不终。含和蕴慈，悯俗哀蒙。谨录此语，庸示区中。

　　自甲午春，至乙未冬，三洞功毕，东莱披云，命工勒石。

　　甲午，即南宋端平元年，亦系蒙古太宗六年（1234）。乙未，即甲午年之次年（1235）。此窟为宋披云最早开凿之石窟，时年宋披云52岁，或53岁。跋文中有"三洞功毕"，此话作何解？三洞者，即洞真、洞神、洞玄，用作道藏总称，系对佛教三藏之模仿。宋披云在其师丘长春于金代正大四年（1227）坐化之后，隐于山西太原，潜心于道藏收集、整理。尔后，历七年完成还道藏以完备之宏愿。此时不免志得意满，致是勒石以表之。宋披云此番大业，果然是践乃师丘处机之遗命。宋披云不负乃师遗命而开凿龙山第1窟，并至功毕，为表其莫大满足感，试问，此窟主尊还能是何人？观其风采容貌，与其说是天尊，莫如说是真人，即乃师丘长春是也。宋披云对乃师可谓梦寐难忘。若将此主尊认定为丘长春，余者也就一通尽通。侍其左、右者，岂非十八大师？即随丘长春为成吉思汗而远赴印度之人。此十八大师中，有道友尹志平、李志常，亦有宋披云本人。

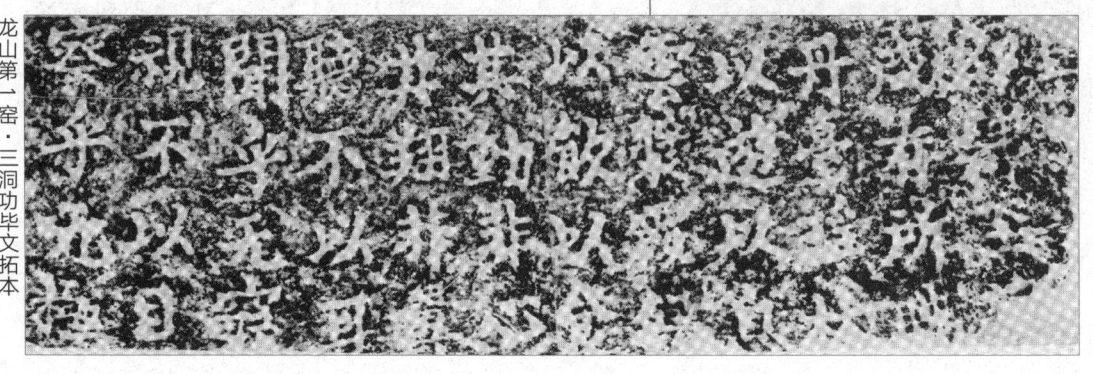

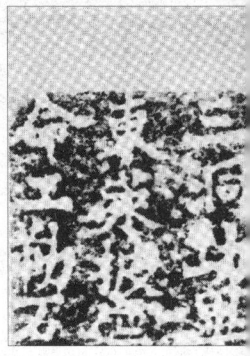

龙山第1窟·三洞功毕文拓本

图 109-1 · 第 1 窟 · 丘祖洞 · 窟顶天花部分

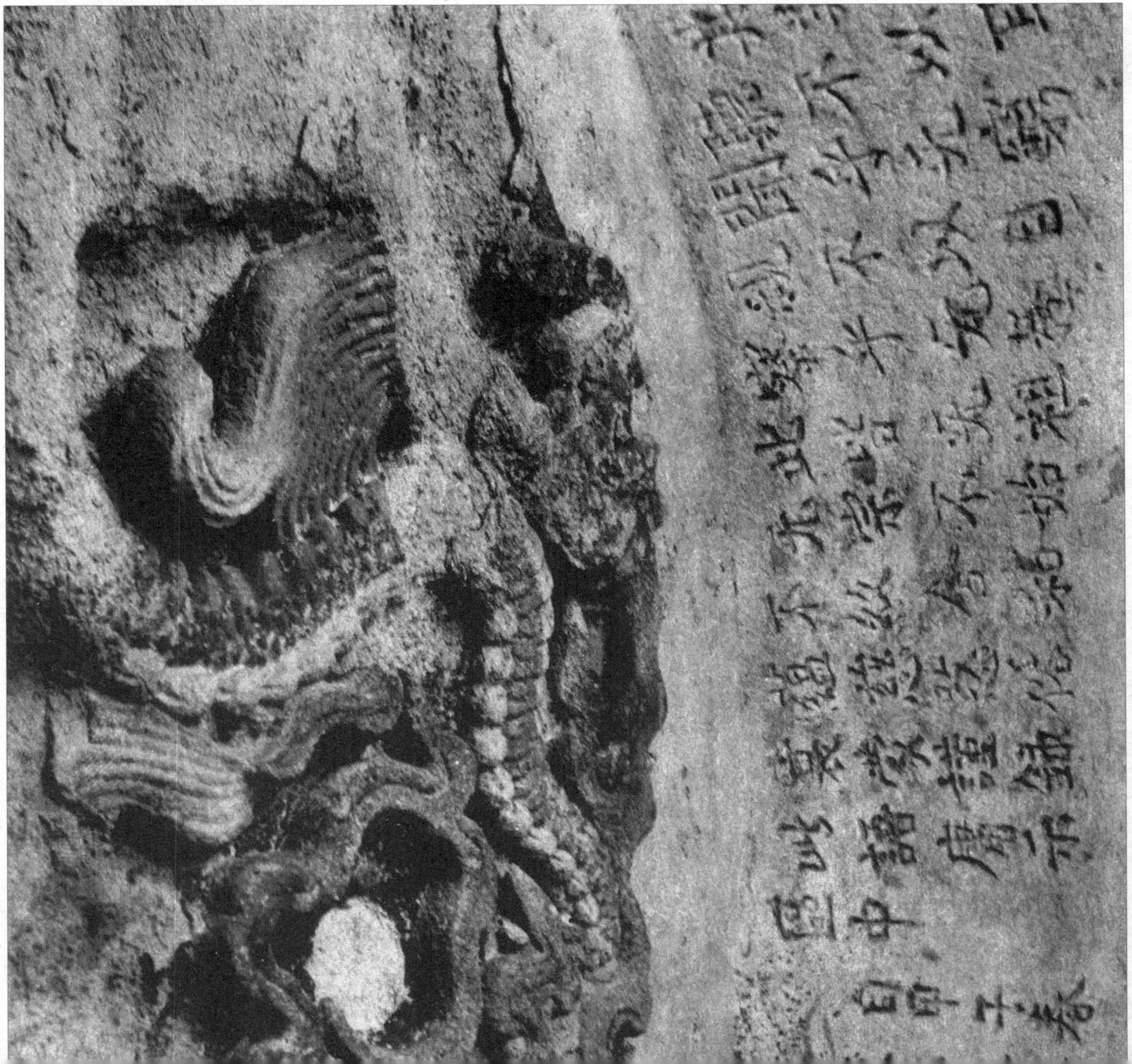

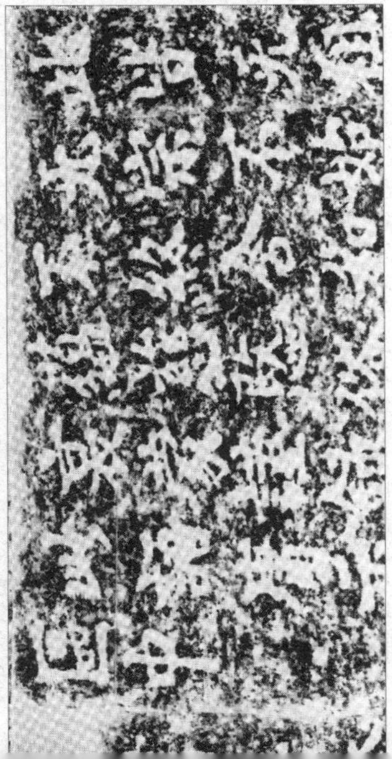

图 109-2 · 第 1 窟 · 丘祖洞 · 道尊

图110-2·第1窟·丘祖洞·左侧10传师(部分)

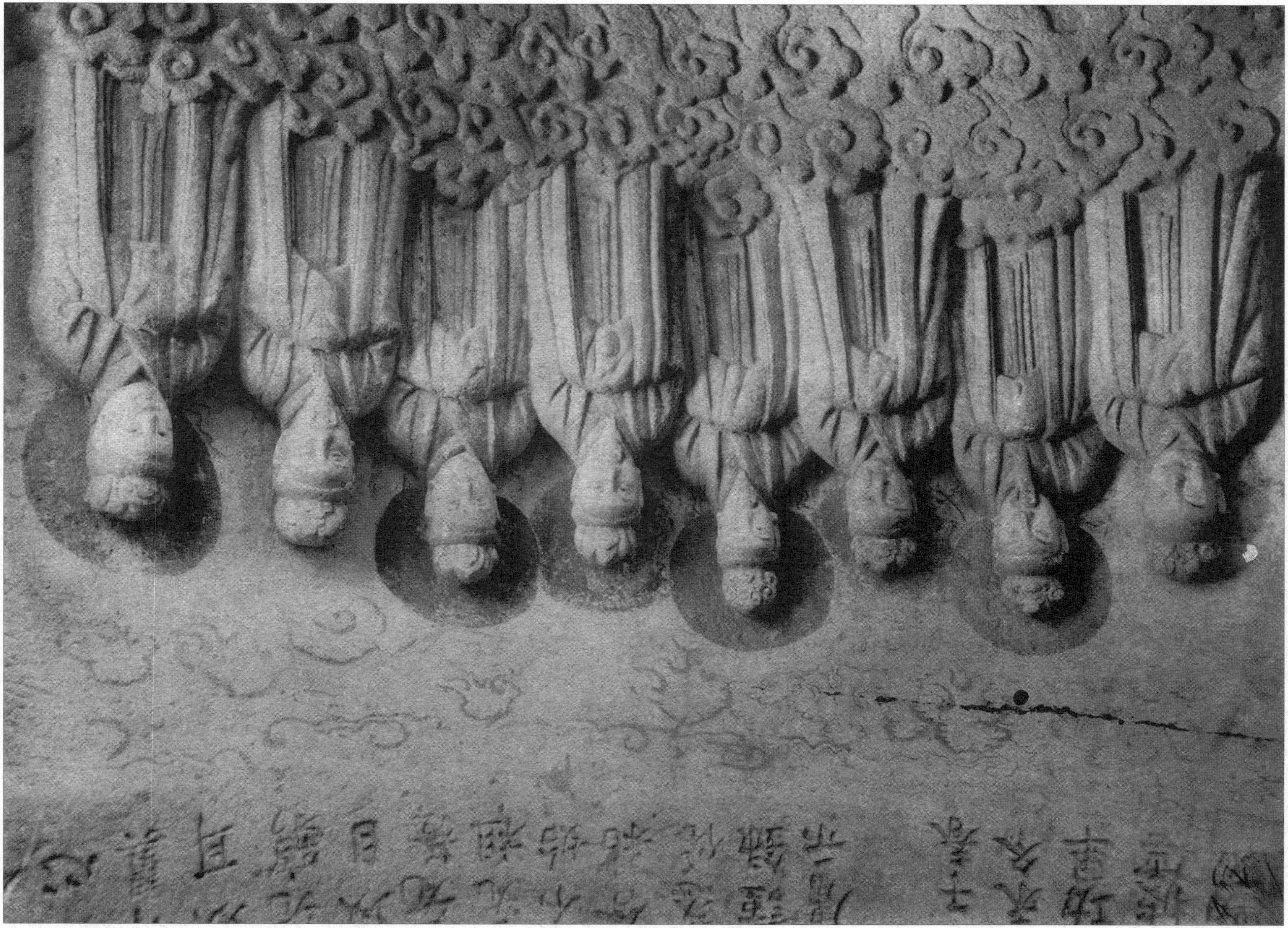

图 110-1-1 第 1 窟・丘祖洞・左側 10 侍佛像（部分）

第2窟 | 三清洞

第2窟在龙山8窟中规模最大。窟内正面刻有三道尊，左、右两壁刻有三真人、三侍女。天花板上刻飞渡乱云，并有双龙出没其中。正面的三尊，恐怕是中为元始天尊，左为太上道君，右为太上老君。各道尊都有头光与背光，均以火炎表示光明，与佛教刻像同出一辙。再者，各道尊容貌闲雅，并无卑俗之态，此亦是取法佛像。此三道尊堪称道教造像无与伦比之杰作。左、右两壁刻有文字，曰：

岁在丙申五月丙辰朔

总真玉室，庄严庆成，谨作祝文。

大道窈冥，孰诘其形。至人体奥，真象尽情。爰穴盘石，焕以金碧。万神来思，载□载怿。祭酒披宣，祈恩祝延。当今天子，亿万斯年。波及臣佐，嵩呼庆贺。风雨若时，生灵安妥。

门人李志全述

披云并錾石室尊像

伟披云之老仙，占龙山之□□。錾千寻碧玉之岩，幻数洞黄金之像。玄台共汗月争高，杰阁与晨霞相抗。幸百灵之拱卫，巨万劫而无量也。

丙申岁七月初九日

门人舜泽秦志安述

丙申，即南宋端平三年，亦系蒙古太宗八年（1236），为龙山第1窟錾成之翌年。

图 111-1 · 第 2 窟 · 三清洞 · 窟顶天花部分

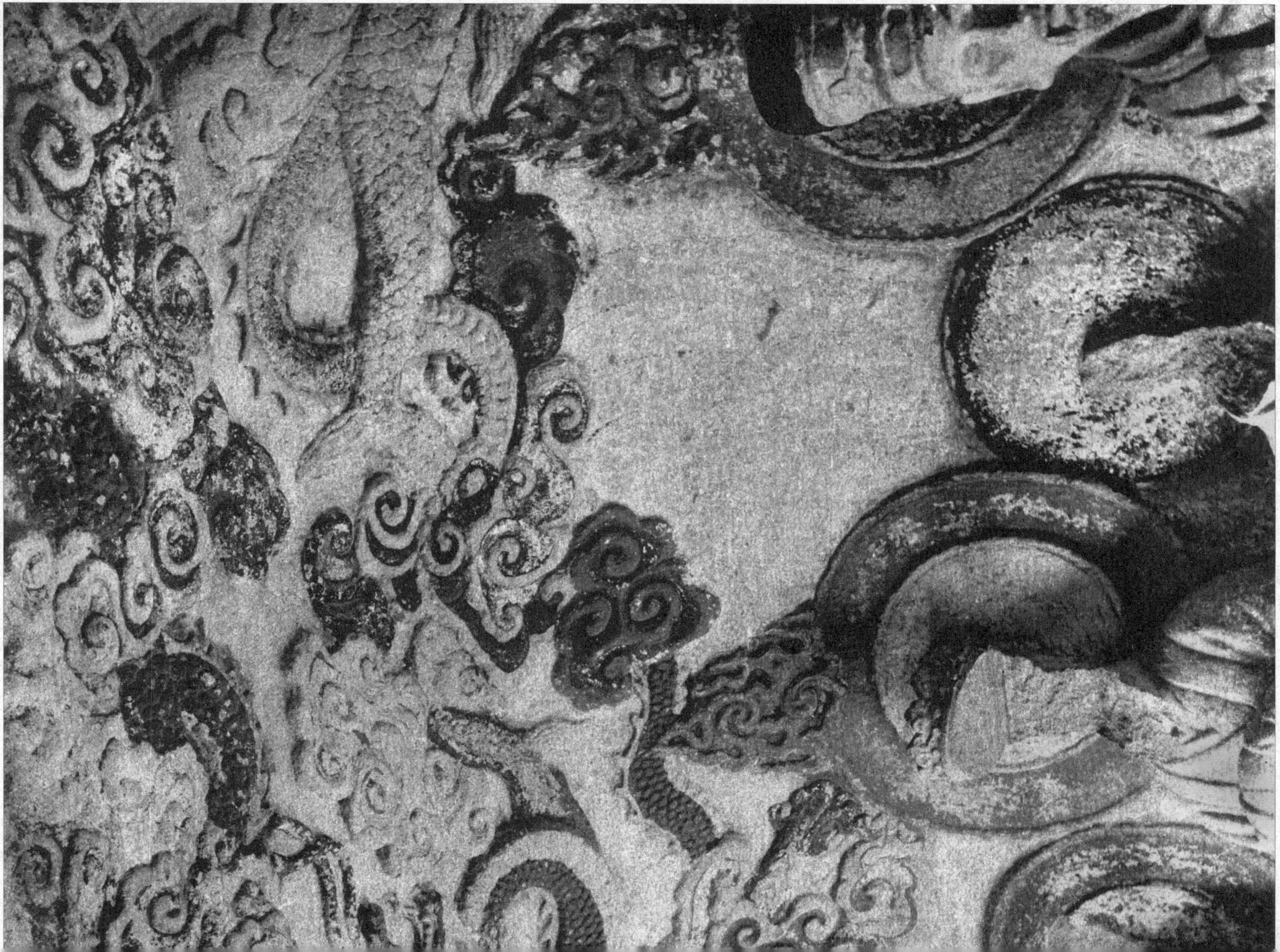

图112·第2窟·三清洞 三道尊

图 113-2·第 2 窟·三清洞·位于左侧的真人及侍者像

图 113-1 · 第 2 窟 · 三清洞 · 位于右侧的真人及侍者像

图120-1·第2窟·三清洞·中央道尊

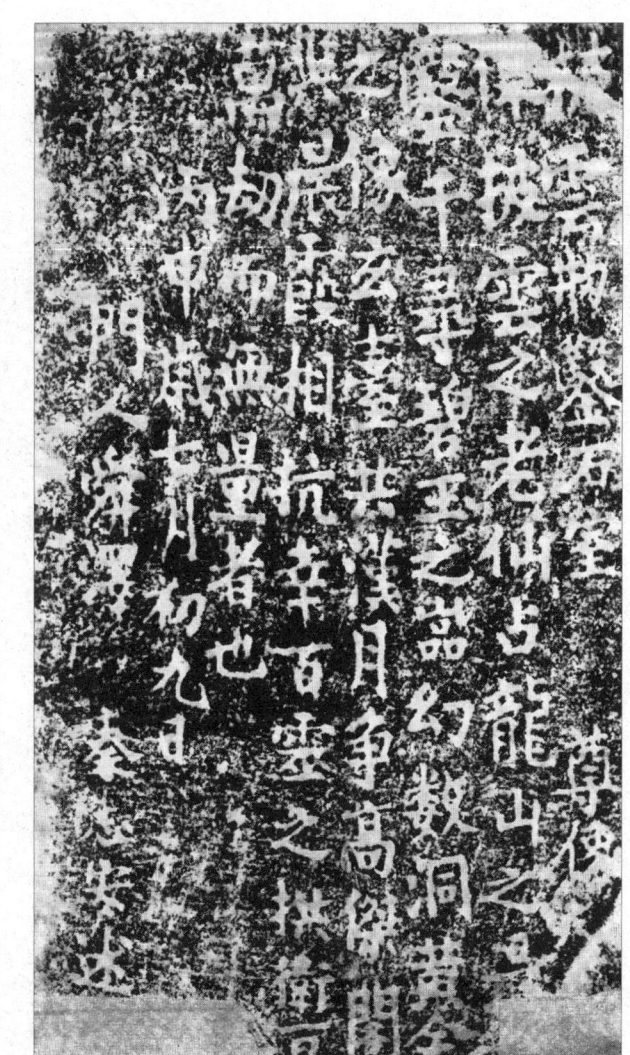

龙山第2窟·披云刱凿石室文拓本

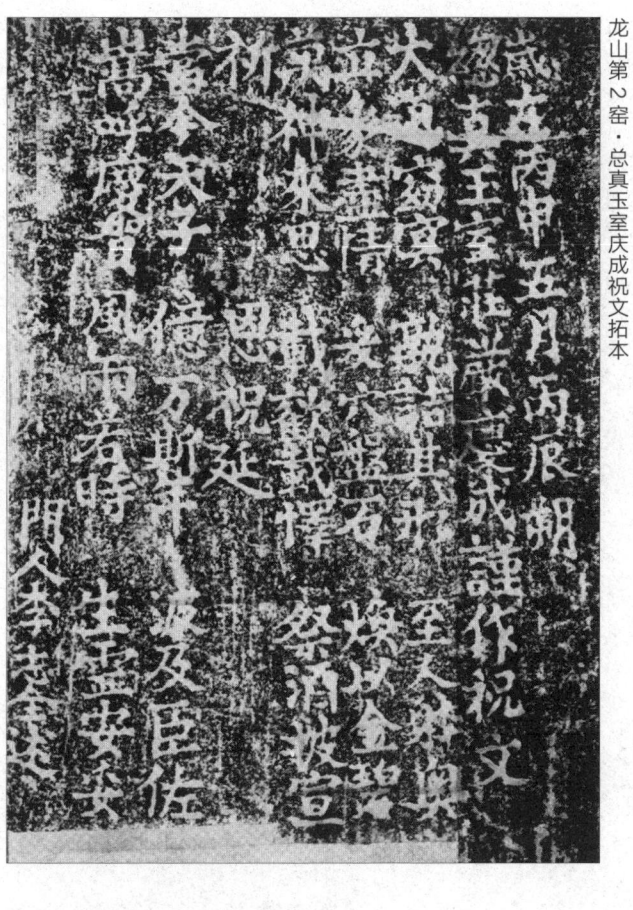

龙山第2窟·总真玉室庆成祝文拓本

第3窟 卧如洞

第3窟只刻有一卧像，头在北，面朝东，左侧卧。此道像究竟是何人？由于壁上等处未刻文字，故不得而知。想来大致是以释迦牟尼涅槃卧像为范本而塑造，像中人或是老子，或是宋初道士陈希夷，抑或宋披云本人。然而，从《祖庭内传》记载可知，宋披云在此之前已开凿石窟二处。《祖庭内传》载：

甲午游太原西山，得古昊天故址。有二石洞，皆道像，壁间有"宋童"二字。

现存龙山8窟中，可认为是《祖庭内传》所云"二石洞"者，不外第3窟与第6窟两处。照此说来，图114-1所见卧像，则应是出现在宋披云之前。若果如此，此像或系老子造像。若将其认定为老子，则面朝东、左侧卧之造像，正好与释迦牟尼面朝西、右侧卧的涅槃造像方向相反。

图 114-1 · 第 3 窟 · 卧像

第4窟 | 李志全洞

图 115-1·第 4 窟·李志全洞·真人及二侍者像

第5窟 ｜ 秦志安洞

　　第4窟与第5窟均纳一真人坐像，坐像两旁，还有服侍者像。由于石窟中未见铭文镌刻，故难知其为何人。想来或许是宋披云二大弟子，即李志全与秦志安。此二人在襄助宋披云成就道藏开雕大业、重兴昊天观以及开凿石窟方面，功劳卓著，故在此为二人造像留真，亦属当然。姑且将第4窟认作李志全洞，将第5窟当成秦志安洞。李志全两手前屈，右手端于脐上，依照佛教说法，此乃"入定相"。秦志安右手在上，左手在下，放于膝盖之上。此像右手已缺，故示何相不得知，有可能开掌向外，倘若如此，依照佛教说法，此即"说法相"。造像式样、身态相貌，乃至背光及头光，完全取法佛教造像。

　　李志全号"纯成子"，太原太谷人氏，于金代明昌五年（1194），讲师及第。虽当而立之年，却已看破红尘，于是拜谒丘长春，求受道妙。其后，李志全隐在山中修行。宋披云收集整理道藏之际，李志全充任校雠，前后十年，朝夕不倦，遂勘毕三洞灵文。全真教主李真常，奉旨赐李志全"纯成大师"号。

　　秦志安，号"通真子"，陵川人。秦志安曾三次举进士不中，是以四十岁后去家，放浪于嵩、少之间，以求冶心养性。北归后，遇宋披云。秦志安觉得与此人大是有缘并已求得归宿，故执弟子礼事之。恰值宋披云图道藏锓木流布之时，秦志安承命总校书，日课校雠，补完订正。由此可见，宋披云道藏开雕能够如愿以偿，得李志全、秦志安襄助之力甚多。

图 115-2 · 第 5 窟 · 秦志安洞 · 真人及二侍者像

第6窟 | 三帝洞

第6窟，以正面所见神农氏为中心，左乃伏羲，右为黄帝，此即三帝像。三帝像左、右两侧，还有诸多侍曹。三帝洞规模虽小，但造像技巧却颇值观瞻。《祖庭内传》载，曾见宋披云所开古昊天观故址有二石洞，内有道教造像。《祖庭内传》所云二石洞者，其中之一大概即此三帝洞。由于未见刻文，故雕造的年代与人物，俱不得知。大概与第3窟所见卧像一样，均开凿于宋代。

图 114-2 · 第 6 窟 · 三帝洞 · 伏羲、神农、黄帝及侍者像

第7窟 披云洞

　　第7窟，位于最北端第2窟之右侧，洞中仅刻有宋披云像，故称其为"披云洞"。宋披云端坐于双重方座之上，头戴道冠，长髯垂下，神清目明，直视前方，栩栩如生。但见其垂衣蔽坛，双手纳于袖中，垂放脐前，呈握合状。观此宋披云像，不论是背光，还是趺坐，抑或垂衣，均与佛教造像同出一辙。天花板上雕有双凤与祥云，光彩绚丽。洞内壁面，有两处刻文。即：

　　披云自赞
　　这个形骸许大　已是一场灾祸　被谁节外生枝
　　强要幻成那个　更分假像真容　便是两重罪过
　　只因眼病生华　毕竟有个什么
　　自戊戌春至己亥秋工毕
　　披云仙翁　玄门中龙

龙山第7窟·披云自赞文拓本

龙山第7窟·秦志安敬赞文拓本

德如之何　太华之峰
节如之何　徂来之松
九龄悟道　遍礼琳宫
千里求师　密契真风
阐玄化于阴山之外　续琼章于火劫之终
铼谭马三阳之镜　铸丘刘八极之钟

玉树重芳于海上　金莲复秀于山东
真待养成千岁鹤　一声铁笛紫云中
　　门人　舜泽秦志安焚香敬赞

宋披云自赞，宛如禅家口吻。洞内壁面这一刻文，应是宋披云生前所成。戊戌，即南宋嘉熙二年、蒙古太宗十年（1238）。己亥，为戊戌年之次年（1239），应是宋披云56岁或57岁之际。是故，披云洞坐像必是宋披云之真像无疑。如此说来，此像不仅是中国道教史上一大至宝，而且也是中国文明史纪念道藏开雕者难得之珍品。何况，作为南宋石刻，披云洞更是不同凡响，风格独异，无愧珍品与精品之褒美。

图116-1·第7窟·披云洞·宋披云像（日本大正九年拍摄）

图 116-2 · 第 7 窟 · 披云洞 · 宋披云像（日本大正十四年拍摄）

第8窟 玄门列祖洞

第8窟位于最北端二窟之右侧,有"玄门列祖洞"匾额。在其入口处左、右两边,有二神将浮雕,可视为是从佛教四大天王像脱胎而来。

窟内,正面有三真人;左、右两边,又各有二真人,共计七真人刻像。七真人者,即马丹阳、谭长真、刘长生、丘长春、王玉阳、郝广宁、孙清净。前面四人尤其出名,披云洞中有秦志安所撰赞文,文中有"谭马三阳之镜,丘刘八极之锺"之词,即是也。此七真人尽属全真教王重阳弟子,王重阳之后,继其衣钵以为教主者,依次为马丹阳、谭长真、刘长生、丘长春。至元太祖成吉思汗时代,全真教受朝廷赏识而名扬海内,当时的全真教教主丘长春功不可没,故后人习惯将丘长春视作七真人中的主要人物。在此玄门列祖洞中,坐于正面中央者,自是丘长春。其左边为马丹阳,右边为谭长真。另外,左侧二真人中,有头者为刘长生,无头者则是王玉阳。右边二真人中,无头者为郝广宁,或是孙清净。孙清净系马丹阳之妻,为七真人中唯一的女性。其性别特征、花冠及风貌,一目了然。

玄门列祖洞,今已没在蒿蓬中。曾有隐者借此栖身,故洞中煤烟熏燎,满壁昏黑,大碍观瞻。天花板处双龙雕刻,多已剥蚀,仅剩斑驳痕迹。更有甚者,不知谁人恶作剧,七真人中,有二尊头部已不见。所幸正面主要三尊尚保存完好。

洞中壁面刻有铭文。

三载洞府功毕,铭曰:

道泰时昌　洞官载缉　伟有神仙　从石壁出
丙申应钟　祖堂功毕　最哉披云　有光先德

祖堂赞

石室镌玉　祖堂绘金　功超往古　德冠来今
世与功远　年随德深　警尔后学　无忘孝志

铭文中有"最哉披云"一辞,由此看来,铭作者应是继承丘长春衣钵、后为全真教教主的宋披云师兄尹志平。此窟开凿功毕,岁在丙申,即南宋端平三年,蒙古太宗八年(1236)。

综上所述,第3窟所见老子卧像与第6窟所见三帝像,均为宋披云之前既已有之。宋披云为表三洞功毕之欣喜而令匠人勒石以志,此发宋披云石窟开凿之先声。第1窟所见丘长春像,竣工于甲午至乙未之间,即蒙古太宗六年至七年(1234—1235)。继之,则是第2窟三道尊像,完成于丙申年,即蒙古太宗八年(1236)。然后是第8窟玄门列祖洞,竣工于同一年,即丙申年十月。最后,则是第7窟披云洞,时在戊戌至己亥之间,即蒙古太宗十年至十一年(1238—1239)。用六年时间,宋披云开凿出四处最重要石窟。其余第四、第五两处石窟,则开凿在宋披云坐化之后,应比宋披云所开凿四处石窟晚八九年。

中国石窟之开凿,最早始于北魏,盛在初唐。中唐之后,石窟开凿则几近绝迹。若论宋代,就南方而言,也仅有杭州灵隐寺飞来峰以及石屋、烟霞两洞錾有佛龛,数量委实不多。在北方,除此龙山石窟,更无闻有他。特别在中国,多数石窟俱属佛教开凿,非佛教而道教者,则非此龙山石窟莫属。因此,龙山石窟在北方不仅是唯一宋代开凿之石窟,而且,也是唯一道教之石窟。加之洞内所刻道像无不是姿态端庄,风貌高雅,尺寸比例协调,衣冠形制极为写实,堪称宋代雕錾艺术之代表。道像所踞方座及其背光式样、侍者立于莲座之上、二神将之设计、天花板上所见云龙图案,凡此等等,无一不是取法佛教造像艺术,此足令观赏者兴趣盎然。从另一方面看,佛教石窟开凿式微之际,正是道教石窟开造方盛之时。由此可见,石窟姓佛姓道,乃是宗教势力此消彼长的风向标。

关于龙山道教石窟,《山西通志》卷168"寺观"条下有载,附录如下:

昊天观,在县西十里龙山绝顶,元元贞元年披云子宋德芳建。观东石岩,列石室八龛。一曰虚皇;二曰三清;三曰卧如,龛内卧像一,传为披云子卧化地;四曰元真;五曰三天大法师;六曰七真;七、八胥曰辩道,凡镌石像二十有七尊。明洪武间,并北极观入焉。正德初,内官畅英重修。是时,云间隆本居石洞以道术著。内又有全真庵,宋德芳撰碑。

所谓"石室八龛",确有其实,且悉数有其名。第一"虚皇",即本文所称第1窟,窟中供一道尊,左右有十侍者。第二"三清",相当本文所记第2窟,以三道尊为中心,左右有三真人、三侍女。第三"卧如",乃本文所述第3窟,洞中造有卧像,笔者原先一度以为此卧像应是宋披云,再斟酌后将其推定为老子,然《山西通志》却称其为披云子。第四"元真",相当于本文所云第7窟,即披云洞。第五"三天大法师",可对应本文第6窟,亦称三帝洞;第六"七真"显然相当于本文所述第8窟玄门洞;第七、第八"胥辩道"，对应本文第4窟李志全洞及第5窟秦志安洞。饶有兴趣的是，石室八龛，《山西通志》悉数附名，然将錾此洞者视为披云子，将其年代记成"元元贞元年"（1295），实乃大误。早在元代元贞元年前48年，即宋代淳祐七年（1247），宋披云就已坐化。

《山西通志》又载龙山石窟于明代洪武年间并入北极观。北极观位于何方，不得而知。山西省乡宁县有载：（译者注：估计此处原作文字有脱落，应是"山西省乡宁《县志》有载"才对）

北极观，在县西门外天台山，明洪武间，置道会司。

《山西通志》所说的北极观或许即是此地。《山西通志》还称龙山石窟有全真庵，庵内有宋德芳撰碑。全真庵及碑又在何处，亦是不详。另有明朝正德初年内官畅英重修龙山石窟，以及当时隆本居石室，以道术著称。玄门列祖洞内烟熏火燎，煤烟蔽壁，从《山西通志》记载看，可知玄门列祖洞即是隆本所居之石窟。

作者常盘大定于日本大正九年（1920）十一月，于探访童子寺途中，首次发现龙山石窟。龙山石窟，其开凿之时，正值宋、元交汇时期，并且，其又系道教石窟。仅此两点，就足够令人瞩目。因此，作者于日本大正十年（1921）撰《探访古贤胜迹》，发表有关龙山石窟之发现。大正十三年（1924）暑期，作者委托庆应大学学生宁超武对龙山石窟进行拍照，嗣后方知宋披云像在日本大正九年时尚完整，然于四年之后，其头部已为顽童恶少所毁。（常盘大定 文）

图117-2·第8窟·玄门列祖洞·外壁·神将

晚清民国时期中国名胜古迹图集·第壹卷·山西龙山

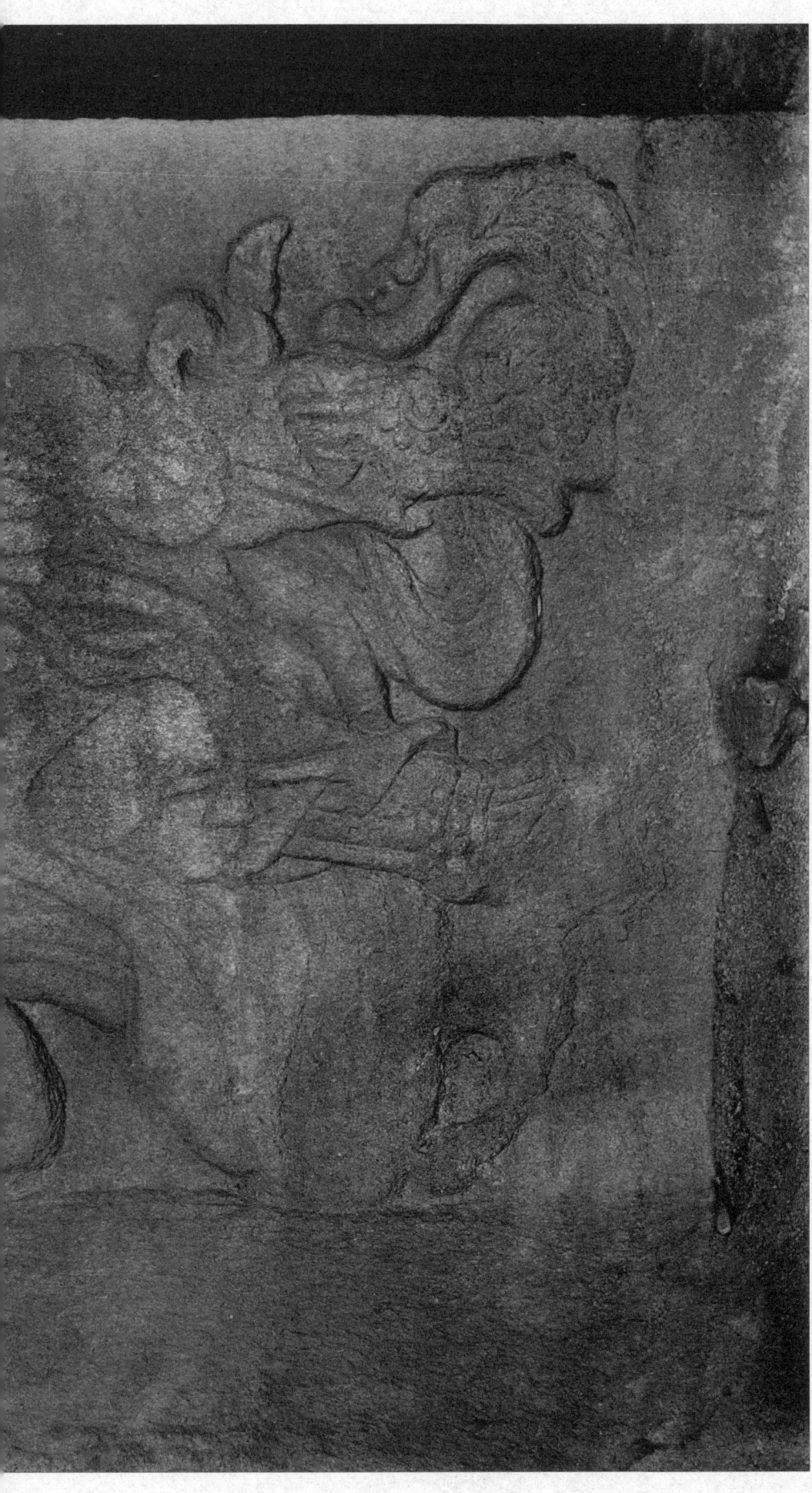

图 117-1·第 8 窟·女门列祖洞·外壁·神将

图 118 · 第 8 窟 · 玄门列祖洞 · 七真人中的三真人

图119-2·第8窟·玄门列祖洞·七真人中的二真人

图119-1·第8窟·玄奘门列相洞·七真人中的二真人

图120-2·第8窟·玄门列祖洞·丘祖像

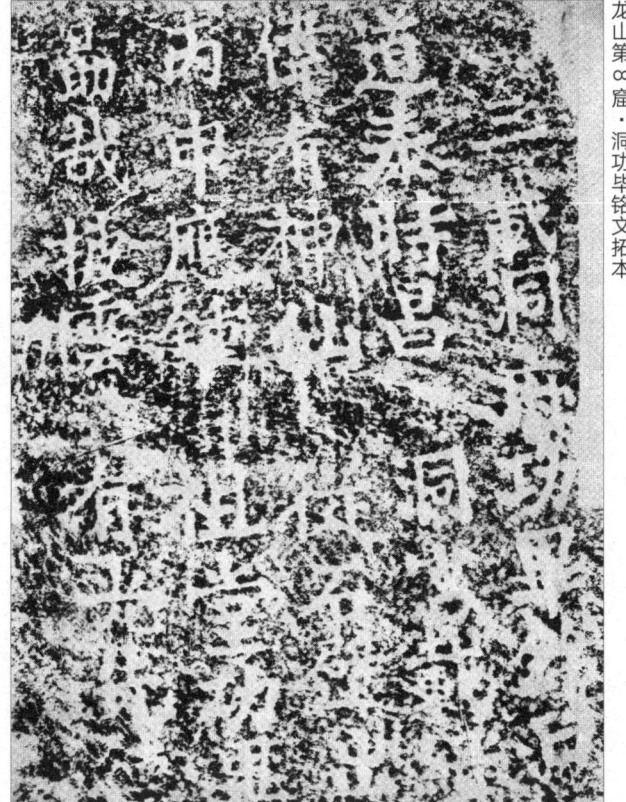

龙山第8窟·洞功毕铭文拓本

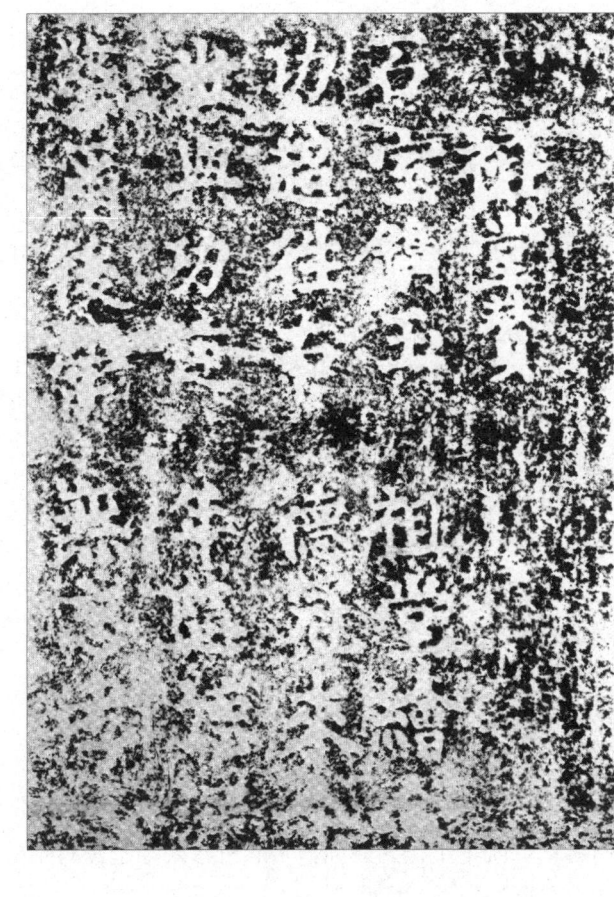

龙山第8窟·祖堂赞刻文拓本

译后记

此卷是 20 世纪前期两位日本学者对中国山西文化史迹的考察手记，二人名为常盘大定与关野贞，记述的是当年他们对山西的龙岗石窟以及其他历史胜迹的考察。

撰写于当年的这些文字，自然烙有那个时代特有的印记。原著的行文颇显古雅，这与二位日本学者的汉学造诣有关，也与那个年代时行的文体有关。当时的日本语尚处在向现代日语发育的过渡阶段，文字书写犹以旧式文体为多。这种文体，读来不免古韵悠然，是故，今日的原文读者，自能从此卷的行文中获得阅读时别样的审美体验。正是考虑到原作文字的古雅之美，译者翻译此卷时，也采用与原著文字风格相近的文白交半的汉语文体，冀望不因文字的转译而丧失原作文字的神韵，也能让中国的读者获得与阅读原著时同样的审美体验。

尽管此卷记述的多是历史故旧，但就当时而言，作者毕竟脱不了作为亚洲新贵的日本人骨子里对中国人鄙夷的习性，因此，文中的某些表述与措辞，于今看来既不合适，亦有失其学者斯文，故此类行文与言辞在翻译时一并删汰，以免贻笑大方。

另外，此卷译毕，译者不免感慨良多。

此卷就当时见存于山西的中华文化史迹娓娓道来，作者对中国历史文化胜迹之感佩可谓溢于言表，但掩卷之余，译者却不免唏嘘。此卷作者津津乐道的那些历史文化古迹于今安在否？披览此卷，更令译者追念并感伤那些曾经辉煌过，但最终没能幸存下来的中国文化史迹。

即便有幸留存至今的文化古迹，又有多少不是"风流总被雨打风吹去"？于今，人们即便置身于那些闻名遐迩的名刹古寺，眼见堂宇殿阁、雕梁画栋极尽金碧辉煌，心里也会常常涟漪着莫名的苍凉，这是一种历史失落的苍凉乃至悲凉。因为展现在人们眼前的多半是这些历史故迹在近代乃至现代以后被妆扮的容颜，尽管雍容华丽，但却找不到它们本应是历久弥珍的旧貌与真容。我们的失落就在尽管置身其中，却难有历史的沧桑得以感同身受。我们也许可以陶然在这些经现代人装点的伧俗之美中，却遗憾地迷失在历史的风烟里，找不到这些历史名胜从往昔走到今日那依稀可辨的一路足迹。不幸就在于——有幸留存至今的历史文化遗迹，人们所看到的有许多却并不是其历史的真实面容。

如果说，作者早在上个世纪前期就对中国文化古迹遭受的破坏与荼毒表示痛惜并予谴责，那么，今天的我们面对自己祖先留下的文化遗产犹是保护状况堪忧的局面，恐怕就不应该仅是耽于对中华历史文化的辉煌一味地礼赞与讴歌，而更应有切肤之痛和深刻反思。译者披览此卷后，对近代以来中国文化史迹保护状况的不堪痛心不已，希望借此唤起国人历史文化遗产保护的意识，这也正是译者翻译此卷的动机之所在，亦是动力之所在。

古迹是人类文化延续的重要载体，是沧桑历史的见证。它从历史中走来，记录着我们的过去，还将记录我们的现在和未来。保护古迹就是保护历史、尊重历史，就是传承文明！

孙娜